COZINHANDO **SEM** DESPERDÍCIO

Lisa Casali

COZINHANDO SEM DESPERDÍCIO

RECEITAS SUSTENTÁVEIS PARA O GOURMET CONSCIENTE

Tradução de Paola Morsello

Copyright © 2012 Edizioni Gribaudo Srl
Via Natale Battaglia, 12 - Milano
www.edizionigribaudo.it

Copyright da tradução © 2013 Alaúde Editorial Ltda.
Título original: *Ecocucina − Azzerare gli sprechi, risparmiare ed essere felici*

Todos os direitos reservados. Nenhuma parte desta edição pode ser utilizada ou reproduzida − em qualquer meio ou forma, seja mecânico ou eletrônico −, nem apropriada ou estocada em sistema de banco de dados sem a expressa autorização da editora.

O texto deste livro foi fixado conforme o acordo ortográfico vigente no Brasil desde 1º de janeiro de 2009.

Nota da editora: As informações referentes à sazonalidade dos alimentos foram obtidas junto à Companhia de Entrepostos e Armazéns Gerais de São Paulo e podem ser consultadas em http://www.ceagesp.gov.br/produtos/epoca/produtos_epoca.pdf.

1ª edição, 2013 (1 reimpressão)
Impresso no Brasil

Dados Internacionais de Catalogação na Publicação
(CIP) (Câmara Brasileira do Livro, SP , Brasil)

Casali, Lisa
Cozinhando sem desperdício: receitas sustentáveis para o gourmet consciente / Lisa Casali; tradução de Paola Morsello. 1. ed. São Paulo: Alaúde Editorial, 2013.
Título original: Ecocucina : azzerare gli sprechi, risparmiare ed essere felici.

ISBN 978-85-7881-195-2

1. Alimentos - Reaproveitamento 2. Culinária 3. Desperdício - Redução 4. Receitas I. Título.

13-04953   CDD-641.5

Índices para catálogo sistemático:
1. Receitas: Culinária sustentável: Economia doméstica 641.5

PRODUÇÃO EDITORIAL: Editora Alaúde
PREPARAÇÃO: Elvira Castañon
REVISÃO: Olga Sérvulo, Silvia Almeida
CAPA: Luiz Morikio
IMPRESSÃO E ACABAMENTO: EGB - Editora Gráfica Bernardi Ltda.

EDIÇÃO ORIGINAL: Edizioni Gribaudo
FOTOGRAFIA: Claudia Castaldi
PROJETO GRÁFICO: Leftloft (MI)
PRODUÇÃO CULINÁRIA: Roberta Deiana
PRODUÇÃO DE OBJETOS: Barbara Mantovani, Silvia Valassina

2014
Alaúde Editorial Ltda.
Rua Hildebrando Thomaz de Carvalho, 60
04012-120, São Paulo, SP
Tel.: (11) 5572-9474 e 5579-6757
www.alaude.com.br

A PRODUÇÃO ORIGINAL DESTA OBRA AGRADECE A GENTIL COLABORAÇÃO DE: Alessi (pratos, copos e talheres), Besser Vacuum (seladora a vácuo e sacos plásticos), Bitossi (pratos), Bormioli (potes para conserva), Electrolux (forno de convecção e lava-louças), ITTALA (pratos, copos e talheres), La porcellana bianca (aparelhos de jantar), Lagostina (panela de pressão), Massimo Alba (vestuário), Morinox, (talheres e acessórios de cozinha), Paola C. (jarras, copos e bandejas), Richard Ginori (pratos), Serafino Zani (talheres, panelas e bandejas), Suede (brincos), Zafferano (copos), WMF (utensílios em aço).

SUMÁRIO

8 **Inteligência e criatividade na redução do desperdício**
Maurizio Pallante

10 **Acabe com o desperdício e viva (um pouco) melhor**
Andrea Segrè

15 **O que este livro traz de novidade**
Lisa Casali

19 CHEGA DE DESPERDÍCIO
20 O desperdício de alimentos na Itália e na Europa
28 Como reduzir o desperdício de alimentos em casa
36 Como escolher os ingredientes
40 Como economizar recursos na cozinha

47 OS ALIMENTOS

157 CARDÁPIOS ESPECIAIS

215 ECOPRESENTES

234 Índices

INTELIGÊNCIA E CRIATIVIDADE NA REDUÇÃO DO DESPERDÍCIO

Maurizio Pallante*

No dia 31 de dezembro de 2007, um dos jornais mais importantes da Itália (por razões éticas não citarei a fonte ou o autor), publicou um artigo que começava assim: "Um sinal de opulência: entre hoje e amanhã, os italianos vão ingerir 7.000 toneladas de cotechini e zamponi [embutidos] (com 4.500 toneladas de lentilhas) [...] Em contrapartida, nos últimos dias, 75% das famílias levaram à mesa porções significativas de sobras do Natal, porque nos tempos atuais não se pode desperdiçar nada [...] O segundo [dado] nos faz crer que o italiano está apertando o cinto, como pensa o Codacons [associação italiana para defesa do consumidor e do meio ambiente]; segundo esse órgão, as sobras continuarão sendo consumidas também nos dias posteriores e só uma pequena parte irá para o lixo. Estamos na penúria?"
Para o almoço de Natal, compramos alimentos suficientes para mais de uma semana; estamos na penúria apenas porque, em vez de jogar fora as sobras, 75% das famílias vão consumi-las nos dias seguintes? "Não podemos nos dar ao luxo de desperdiçar", era a manchete de outro jornal de grande circulação um ano depois.

Se conseguirmos deixar de lado por um instante a repugnância moral que nos acomete ao pensar que 20% da humanidade não tem alimentos suficientes; o fato de que 100 milhões de seres humanos morrem todos os anos de fome (dados da FAO); a superexploração a que submetemos as terras agrícolas; os agrotóxicos pulverizados para aumentar a produtividade; o consumo de água e a energia elétrica que precisa ser produzida para conservar, transportar e comercializar uma quantidade de alimentos da qual um terço vai parar no lixo; e se tentarmos responder racionalmente às perguntas: "Por que esse desperdício? Para que serve? Quem se beneficia com isso?", vamos perceber que ele é necessário para manter a demanda de mercadorias em alta; sem ela, haveria uma diminuição do PIB.
Um sistema econômico baseado no crescimento não pode abrir mão desse esquema. E, para tornar essa loucura aceitável aos *consumidores*, o desperdício deve ser mostrado como *sinal de opulência*, como *status*, para que se perca a noção de que na realidade esses são sintomas de uma sociedade doente, que não percebe que a terra é sagrada e a considera um reservatório de onde pode retirar quantidades sempre maiores de recursos para serem transformados, em intervalos de tempo cada vez menores, em lixo.

Se eliminássemos o desperdício de alimentos, o PIB dos países industrializados cairia 3%, o que causaria um pânico generalizado. Se utilizássemos na alimentação também as partes dos vegetais que normalmente descartamos, como Lisa nos ensina a fazer há muitos anos em seu blog e neste livro, o PIB cairia ainda mais. Lembremos que a maior parte dos produtos vegetais, o equivalente a mais de 40% de seu peso, é descartada. Se muito do que jogamos fora tem valor nutritivo e pode ser cozinhado de forma saborosa, por que não aproveitar? Quais seriam as consequências negativas disso? Reduziríamos a parte putrescível do lixo e gastaríamos menos em alimentos. Isso seria ruim por acaso? Não seria um sinal de sabedoria, algo especialmente útil em uma época em que o salário das famílias não dura até o final do mês?

Este não é um livro de culinária. É um livro em que as receitas são exemplos práticos de uma concepção de mundo e de vida que não considera o crescimento da produção e do consumo como o escopo da vida humana, que não reduz o ser humano à dimensão de produtor/consumidor de mercadorias. Ao contrário, por meio dessa operação fundamental para a preservação da vida – a nutrição –, a atitude proposta por Lisa Casali estabelece uma nova relação com o ambiente no qual vivemos e com os recursos que extraímos dele para viver. Se os recursos da terra fossem bem utilizados, em vez de desperdiçados, não seria necessário utilizar substâncias químicas para aumentar a produção. E haveria alimento para todos. Inclusive para aqueles que não têm o necessário para viver, graças ao nosso desperdício.

O livro de Lisa é uma lufada de ar fresco que varre o cheiro de podridão que emana do sistema de valores que considera o desperdício um *símbolo de opulência* e *status*, ou das caçambas de lixo onde são acumulados os alimentos que descartamos. É o prenúncio de uma revolução pacífica que aponta uma perspectiva de futuro para uma humanidade que está confundindo "bem-estar" com "abundância".

---

* **MAURIZIO PALLANTE** ensaísta italiano, é fundador do Movimento per la Descrescita Felice [Movimento para a redução favorável do crescimento]. Desenvolve pesquisas e publica ensaios no campo da economia de energia e das tecnologias ambientais e é membro do comitê científico da campanha M'illumino di meno [Me ilumino menos], que incentiva a economia de energia elétrica.

ACABE COM O DESPERDÍCIO E VIVA (UM POUCO) MELHOR

Andrea Segrè*

Para Gepeto, de uma pera se aproveita tudo, e Pinóquio aprendeu isso cedo: o miolo e a casca da pera também são gostosos. Atualmente, jogamos no lixo toneladas de alimentos. Na Itália, por exemplo, são quase 20 milhões de toneladas, que equivalem a cerca de 11 bilhões de euros, uma fração importante do PIB italiano ou, mais precisamente, 0,7%, se os indicadores estiverem certos. Mesmo quem não entende de economia compreenderá esse raciocínio. Junto com os alimentos desperdiçamos água: não apenas aquela contida nos alimentos, mas também a água que foi utilizada para produzi-los, transformá-los, transportá-los e distribuí-los. Na Itália, esse desperdício equivale ao volume de água do lago de Bolsena. Essa água não é escassa, é limitada. Isso sem falar na energia elétrica, que também desperdiçamos para incinerar o que não foi consumido. Mesmo que alguém diga que os rejeitos incinerados produzem energia, sempre estamos falando de cinzas. Deveríamos reduzir o desperdício, ou melhor, evitá-lo, e não apenas porque não é ético desperdiçar em tempos de crise, mas porque os recursos naturais – o capital natural, aquele que não costumamos contabilizar – é limitado. Queremos aumentar ainda mais o nosso débito ecológico, somando-o ao débito econômico, e poluir complemente o ambiente e a nossa vida? O lixo está nos enterrando em todos os sentidos. Não sabemos mais como lidar com isto, o lixo físico. Imagine então o mental, que nada mais é do que a consequência direta do primeiro.

Quando rejeitamos um produto defeituoso, próximo do vencimento ou com a embalagem danificada – isso para não falar das sobras –, o que significa? Medo. Medo do diferente, do outro. Como superar isso? A fórmula é simples: consumir e produzir menos, porém melhor (se possível). Se considerarmos a crise atual como uma oportunidade de mudança, isso é viável. De resto, a sociedade de consumo – como a conhecemos hoje – está com os dias contados. A crise está nos atingindo com muita violência e, paradoxalmente, essa poderia ser uma boa oportunidade de abrir os olhos para a insustentabilidade do progresso que o mundo autodenominado desenvolvido promoveu até agora.

O binômio crescimento/consumo é uma invenção nossa. Nem boa, nem má, simplesmente uma invenção do homem. Uma invenção que está nos destruindo; precisamos, portanto, escapar de sua lógica e economia. Para evitar uma catástrofe iminente – a crise que estamos vivendo é o cartão vermelho –, devemos escolher um novo rumo: o da opulência frugal, da moderação abundante e da simplicidade excessiva. Resumindo, o caminho dos paradoxos, das contradições apenas aparentes mas valiosas, nos levará – lenta mas seguramente – a menos bem--estar/ter e a mais bem viver. Para viver de forma consciente e responsável, não basta existir. Assim como não se vive para comer – muito ou pouco – mal, como fazem 1 bilhão de desnutridos e 1 bilhão de obesos. Deve-se comer bem para viver melhor.

A questão que se coloca é a seguinte: será que podemos alcançar essa utopia concreta e paradoxal, e mais, partindo de um livro de culinária? Sim, podemos, ou melhor, devemos. Porque as nossas ações, mesmo incidentalmente, podem nos levar a um mundo novo. Devemos voltar a crer em nosso papel de indivíduo-cidadão ativo e persuasivo e reformular o civismo ecológico. Precisamos redescobrir nossa soberania de consumidores e de produtores, que acabamos delegando a outros. Temos de empurrar o carrinho de compras também com o cérebro. Renegar a cultura do consumo e do descartável que está impregnada em nós e gera o desperdício à nossa volta. Sair da lógica do "descarto, logo (não) existo". A civilização moderna tende a eliminar o que não serve tanto física quanto mentalmente. Trata-se de descartar o descartável. Isso nos leva a rejeitar não só as "coisas" mas também as pessoas: o outro, o diferente e, por fim, nós mesmos. Precisamos alcançar o "metaconsumo", no sentido de reduzi-lo à metade e ir além do modelo dominante que nos pressiona a consumir, consumir, consumir e, em consequência, a desperdiçar, desperdiçar e desperdiçar. Na nossa sociedade, os resultados de uma lei de mercado falha se transformaram em valor agregado: o uso e o descarte, a obsolescência programada dos alimentos, cujo valor é cada vez menor. Compre um tanto e jogue fora outro tanto. Mas é possível mudar concretamente: com uma ação preliminar e dois movimentos sucessivos.

A ação preliminar consiste em transformar imediatamente o desperdício em recurso em nome da solidariedade e da reciprocidade, como nos ensina a experiência de instituições que recolhem os excedentes alimentares para fins filantrópicos. O que é excedente para uma pessoa torna-se uma oportunidade para outra a quem falta tudo. No entanto, essa não é a solução do problema; não podemos achar que dar o excedente dos ricos para os pobres reequilibra um dos muitos desequilíbrios de nosso tempo. Isso só não basta. Precisamos evitar o desperdício adotando um estilo de vida mais moderado, justo, sustentável e relacional. Para isso, podemos (per)seguir dois caminhos. De um lado, ter um horizonte, estabelecer uma meta, encontrar um estímulo para reduzir progressivamente o consumo de recursos (limitados) e as emissões (ilimitadas) de poluentes no ambiente ligadas à produção, transformação, distribuição e consumo. Na Itália, demos a isso o nome de *spreco zero* [desperdício zero]. Trata-se de uma ação endógena ligada aos processos e aos produtos; parte do pressuposto de que precisamos agir e reduzir o consumo e o desperdício em nível local, e não compensar as próprias ações em outro local, em um mercado de emissões que favorece e premia quem desperdiça e polui mais.

De outro, precisamos difundir uma nova lógica, denominada "sociedade sustentável", que represente o máximo denominador comum de todos esses "movimentos", tão numerosos quanto diversos, estabelecendo concretamente um limite de consumo material em um mundo onde os recursos são finitos. Redução do crescimento, moderação na hora de consumir, frugalidade, simplicidade, cooperativas de compras, comunidades de economia solidária, orçamentos justos... Menos desperdício e mais ecologia é igual a sustentabilidade, uma maneira de pensar e de agir que pode modificar a economia e o mercado. Uma sociedade onde o bastante nunca seja demais, onde se possa fazer mais com menos e onde, se necessário, deve-se fazer também menos com menos. Um mundo onde seja possível substituir, quando for preciso, o dinheiro (mercado) pela doação, pois esta leva ao relacionamento e à reciprocidade. Em resumo, devemos agregar ao valor de uso e de troca dos bens típicos do mercado o valor dos relacionamentos. Dessa forma, aumentaremos, e o melhor, gratuitamente, o "capital" relacional, que depois será totalmente consumido e jamais será desperdiçado. Em uma sociedade sustentável, as quantidades de produção e de consumo precisam diminuir onde são abundantes e aumentar onde são carentes, melhorando a qualidade de vida de todos. Então, reencontraremos – finalmente – a segurança, o trabalho, o tempo, os relacionamentos, nós mesmos e os outros. Tudo isso está presente neste livro e no trabalho diário de Lisa Casali. Sigam o conselho útil do velho Gepeto. Pinóquio, crianças, prestem atenção: o mundo que teremos depende de vocês.

* **ANDREA SEGRÈ** (www.andreasegre.it), professor de Política Agrária Internacional e Comparada, diretor da Faculdade de Ciências Agrárias e presidente da Last Minute Market (www.lastminutemarket.it), acadêmico da Alma Mater Studiorum, da Universidade de Bolonha. Promoveu a campanha "Um ano contra o desperdício" para sensibilizar a comunidade europeia (www.unannocontrolospreco.org).

NOTA: Os dados levantados por Andrea Segrè e Luca Falasconi estão nas obras *Il libro nero dello spreco in italia: il cibo* [O livro negro do desperdício na Itália: os alimentos], Milão: Ambiente, 2011, e *Il libro nero dello spreco in Italia: l'acqua* [O livro negro do desperdício na Itália: a água], Milão: Ambiente, 2012, ambos escritos para a campanha europeia "Um ano contra o desperdício" (www.unannocontrolospreco.org).

O QUE ESTE LIVRO TRAZ DE NOVIDADE

Lisa Casali

Todos os livros e sites de culinária que as pessoas costumam consultar oferecem ótimos conselhos e receitas sobre como utilizar as partes nobres dos produtos. Esse modo de cozinhar, porém, gera uma grande quantidade de resíduos de alimentos, como cascas, talos e folhas, que também são comestíveis. Ao elaborar tanto os meus livros quanto o conteúdo do blog, decidi me empenhar em difundir uma cozinha que vai contra a corrente, uma cozinha sem desperdício, saudável, saborosa, que permite uma economia de mais de 20% em cada compra. Para adotá-la, basta aprender algumas técnicas básicas. Depois disso, assim como eu, você não conseguirá mais jogar fora as folhas externas da alcachofra ou os talos de aspargos.

Para preparar estas receitas em casa e começar a fazer experimentos, você só vai precisar de uma coisa: um pouco de tempo. Como tempo livre é uma coisa escassa, cabe a você decidir como usá-lo melhor. Experimentar os conselhos e as receitas deste livro, contudo, é, com certeza, um ótimo investimento para o meio ambiente, para a sua saúde e também para o seu bolso. Ecocucina foi o nome que escolhi para meu blog muitos anos atrás e dedico este livro a todos os leitores que têm me apoiado e encorajado, e contribuído ativamente com ideias e receitas para esse projeto inovador.

DECÁLOGO DA COZINHA SEM DESPERDÍCIO

1) **Alimentação:** consuma todos os dias frutas e verduras frescas, cereais integrais e legumes. Reduza o máximo que puder o consumo de carne e consuma com moderação laticínios, ovos e derivados de peixe.

2) **Matérias-primas:** sempre que possível, escolha produtos da estação, orgânicos, produzidos na sua região, de cadeia curta, não refinados e sem embalagem.

3) **Quantidade:** adquira apenas o que vai conseguir consumir e não cozinhe mais do que consegue comer.

4) **Modo e locais de compra:** prefira produtos regionais e de cadeia curta. Adquira diretamente do produtor, em feiras livres ou entre em uma comunidade de compras.

5) **A despensa:** confie em seus sentidos e não apenas em datas de validade, e conserve melhor os alimentos, dando preferência ao fechamento a vácuo e aos processos de desidratação.

6) **Desperdício:** aprenda a utilizar 100% dos produtos. Assim, você vai reduzir o desperdício e economizar. Talos, cascas, caules, folhas e bagaços podem se transformar em pratos saborosos e refinados. Cozinhe apenas o suficiente, para evitar sobras. Se sobrar alguma coisa, reutilize em novas receitas. No restaurante, peça para embrulhar para viagem aquilo que não conseguir consumir no local.

7) **Compostagem:** use para compostagem aquilo que não foi utilizado na cozinha. Basta ter uma varanda, um recipiente com tampa, para que a água não entre em caso de chuva, e furos, para ventilar. Com um bom substrato inicial,

depois de três meses você obterá um ótimo adubo e, após seis meses, uma terra de boa qualidade a custo zero.

8) **Energia elétrica:** para reduzir o consumo de energia elétrica na cozinha, dê preferência ao fogão a gás, use a máquina de lavar louças para cozinhar, escolha refrigeradores e demais equipamentos que consumam menos energia elétrica, tenha panelas comuns e de bambu próprias para cozimento a vapor, e use a panela de pressão.

9) **Água:** para economizar água, prefira a panela de pressão. Aproveite a água em que lavou as verduras para regar as plantas. Use a água de cozimento do macarrão, da batata e, eventualmente, do arroz, ricas em amido, para preparar sopas ou como espessante. Guarde a água de cozimento das hortaliças para usar como base para sopas ou caldos. Lavar os pratos no lava-louças ajuda a reduzir o consumo de água, se comparado à lavagem manual, e se a máquina for utilizada também para cozinhar, enquanto a louça está sendo lavada, a economia será maior ainda.

10) **Embalagens:** para reduzir a quantidade de embalagens de alimentos, compre

produtos a granel. Recorra a alimentos embalados apenas quando for estritamente necessário, e dê preferência às embalagens biodegradáveis. Beba água do filtro e transporte-a em recipientes reutilizáveis como as de vidro ou metal; evite o máximo que puder a água engarrafada.

CHEGA DE DESPERDÍCIO

O DESPERDÍCIO DE ALIMENTOS NA ITÁLIA E NA EUROPA

A população mundial cresce cada vez mais (atualmente, somos 7 bilhões de habitantes, com previsão para 9 bilhões em 2050) e, ao mesmo tempo, aumenta a demanda por alimentos: os recursos do planeta são finitos, portanto, é urgente a necessidade de usar melhor aquilo que é produzido. Com base na previsão de crescimento para a população mundial, estima-se que a produção atual de alimentos deveria aumentar cerca de 70%. No entanto, antes de produzir mais, seria mais sensato desperdiçar menos. Aproveitar de forma mais eficiente os produtos alimentícios bastaria para alimentar todo o planeta e reduzir o consumo crescente de recursos naturais. Trata-se, sobretudo, de uma questão de bom senso, mas até hoje pouco tem sido feito para reduzir o desperdício de partes de alimentos – que são perfeitamente comestíveis – ao longo de toda a cadeia alimentar, como se vê todos os dias. Segundo Maurizio Pallante, em seu livro *Meno è meglio* [Menos é melhor], os alimentos descartados representam 3% do PIB italiano. Isso não traz nenhum benefício para a comunidade e agrava o impacto ambiental causado pelo lixo. E mais: 70% do consumo de energia elétrica é desperdiçado, não serve para nada além de aumentar as emissões de CO_2 e o efeito estufa. Diante desses dados, seria lógico nos concentrarmos na redução do desperdício mais do que nos preocuparmos em aumentar a produção. Esse problema não diz respeito apenas aos países industrializados (670 milhões de toneladas de alimentos desperdiçados por ano), mas também aos países em desenvolvimento (630 milhões de toneladas/ano). Os maiores responsáveis pelo desperdício variam de país a país. Enquanto nos países em desenvolvimento são desperdiçados de 6 a 11 quilos de alimentos *per capita* ao ano, na Europa esse número chega a 47 quilos, e nos Estados Unidos, a mais que o dobro disso, segundo o estudo *Global food losses and food waste*, da Organização das Nações Unidas para Agricultura e Alimentação (FAO), em 2011. Ainda segundo esse estudo da FAO, os consumidores dos países industrializados descartam por ano um total de 222 milhões de toneladas de alimentos, o que equivale a quase o total de alimentos produzidos na África subsaariana (230 milhões de toneladas).

Os vilões do desperdício

Segundo um estudo de 2011 (*Preparatory study on food waste across EU 27*, DG Environment), no continente europeu, um terço dos alimentos produzidos é descartado, o que corresponde a um total de 179 quilos por pessoa ao ano. O desperdício ocorre em toda a cadeia: os domicílios são responsáveis por 42%; os produtores, por cerca de 39%; revendedores, aí incluídos os grandes distribuidores, por 5%; bares e restaurantes respondem por 14%.
Na Itália esses valores são ligeiramente diferentes: do total de 8,78 milhões de toneladas de alimentos desperdiçados, os maiores responsáveis são os produtores.

Percentual de alimentos descartados ao longo da cadeia alimentar na Itália (Eurostat, 2006)

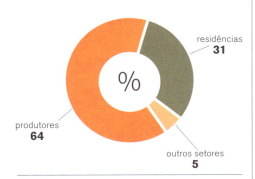

produtores **64**
residências **31**
outros setores **5**

CONSUMIDORES RESIDENCIAIS

Ao contrário do que parece, os consumidores são os maiores responsáveis pela produção de resíduos de alimentos. Na Itália, foram para o lixo cerca de 9 milhões de toneladas de alimentos em 2006 e cerca de 20 milhões em 2010. Isso deixa o país entre os dez que mais desperdiçam, segundo dados da Eurostat 2010, ao lado de países como Reino Unido, Alemanha, Holanda e França.
A média italiana difere da europeia em razão da maior quantidade de desperdício em nível de produção, mas as pessoas físicas são responsáveis por 31% dessas perdas. Segundo um estudo da Adoc [associação que discute os problemas da sociedade italiana], em 2010 as famílias italianas jogaram em média 454 euros no lixo, o que corresponde a 8% de sua despesa total (Segrè e Falasconi, *Il libro nero dello spreco in Italia: il cibo* [O livro negro do desperdício na Itália: os alimentos]. Milão: Ambiente, 2011). Desse total, 35% eram produtos frescos. Entre os produtos mais desperdiçados, estão o pão (19%) e os produtos hortifrutícolas (16%).
O quinhão pelo qual cada família é efetivamente responsável, ou seja, a contribuição individual quando se fala em desperdício de alimentos, é de 47 quilos *per capita* ao ano na Europa, em média. No caso da Itália, a média é um pouco inferior à europeia, visto que cada italiano, em sua casa, contribui com 46 quilos *per capita* ao ano. Segundo um estudo feito no Reino Unido, 64% do desperdício de alimentos seria facilmente evitável, e outros 18% poderiam ser evitados com mudanças de comportamento.

Descarte evitável e não evitável

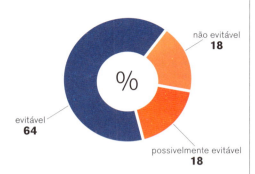

- não evitável **18**
- evitável **64**
- possivelmente evitável **18**

De acordo com um estudo encomendado pela Comissão Europeia, o desperdício doméstico é determinado pelos hábitos individuais e escolhas cotidianas, que por sua vez estão condicionados a diversos fatores:
- falta de conhecimento dos problemas relacionados à produção e ao destino de resíduos, bem como dos benefícios econômicos que resultariam da melhor utilização dos recursos;
- falta de conhecimento do modo mais eficiente de utilizar os alimentos adquiridos;
- subestimação do valor dos alimentos;
- falta de planejamento na hora da compra: com frequência, adquire-se mais do que se conseguiria consumir; as pessoas se deixam iludir por ofertas do tipo "leve 3 e pague 2", por exemplo, e por embalagens extragrandes, ditas "econômicas";
- interpretação errônea da data de validade dos produtos;
- conservação inadequada dos produtos;
- aquisição de produtos não orgânicos e descarte de partes que estariam contaminadas por pesticidas;
- falta de hábito de utilizar as partes menos nobres, ou mais difíceis de preparar, de frutas, legumes e verduras;
- gula: somos inclinados a cozinhar mais do que conseguimos comer e a nos servir de porções exageradas.

Os mais jovens e os solteiros tendem a desperdiçar mais alimentos; além disso, os solteiros produzem mais resíduos *per capita* no que diz respeito às embalagens.

PRODUTORES E SETOR AGROALIMENTÍCIO

No setor agroalimentício italiano, o percentual de desperdício varia de 34% a 55%. Categorias como hortifrutícolas e carnes respondem por um percentual superior a 50%.

PROCESSO PRODUTIVO	PERCENTUAL DE RESÍDUOS
Abate de aves	31%-38%
Abate de bovinos	40%-52%
Abate de suínos	35%
Enlatamento de peixe	30%-65%
Processamento de crustáceos	50%-60%
Processamento de moluscos	20%-50%
Processamento de peixe (cortar em filés, salgar e defumar)	50%-75%
Processamento e conservação de frutas e verduras	5%-30%
Produção de açúcar de beterraba	86%
Produção de farinha de milho	41%-43%
Produção de farinha de trigo	50%
Produção de fécula de batata	80%
Produção de iogurte	2%-6%
Produção de leite, manteiga e creme de leite	irrelevante
Produção de óleo vegetal	40%-70%
Produção de queijos	85%-90%
Produção de sucos de frutas e de verduras	35%-50%
Produção de vinhos	20%-30%

Fonte: Fuentes et al., Awarenet (Agro-Food Waste Minimisation and Reduction Network), 2004.

As principais causas do desperdício são o descarte excessivo resultante do processamento dos produtos, a superprodução e a eliminação de produtos considerados fora dos padrões de qualidade, seja pelas características do produto ou por defeitos na embalagem.

REVENDEDORES

Os supermercados, hipermercados e pequenos estabelecimentos e revendedores em geral também têm um papel importante no desperdício. A maior parte dos produtos é descartada antes mesmo do prazo de vencimento. São muitos os fatores, comerciais ou não, que incidem sobre essa decisão e que acarretam a produção de grandes quantidades de resíduos que ainda estão dentro dos padrões de consumo. Segundo a Comissão Europeia, as causas principais do desperdício são:
– ineficiência da cadeia de vendas;
– estoque excessivo de produtos: a dificuldade em prever a evolução da demanda e o baixo custo de eliminação dos alimentos levam os supermercados a estocar quantidades excessivas de itens que, inevitavelmente, virarão lixo;
– estratégias de marketing: ofertas como "leve 3 e pague 2" incitam o consumidor a adquirir mais do que ele necessita. O melhor seria que essas ofertas recaíssem apenas sobre produtos com estoques excessivos e/ou próximos do vencimento;
– padrão de produto. Os defeitos estéticos do produto ou da embalagem provocam a rejeição por parte do consumidor, mesmo que não interfiram diretamente no sabor e/ou na qualidade;
– más condições de transporte, mudanças bruscas de temperatura, exposição indevida à luz intensa etc. aceleram a deterioração dos produtos.

SETOR ALIMENTÍCIO

Os principais participantes desse setor são bares, restaurantes, rotisserias, *deliveries*, serviços de bufê e de refeições coletivas. As principais causas do desperdício são:
– porcionamento: o conceito de porções iguais para todos é uma das principais causas do desperdício de alimentos. Permitir que o consumidor escolha a quantidade adequada de alimento ajudaria a evitar o desperdício;
– *self-service*: o consumidor europeu ingere em média 92% do alimento que coloca no prato. Seria melhor incentivá-lo a deixar menos sobras no prato por meio de preços diferenciados ou descontos;

– serviços de bufê: o problema é similar ao do *self-service*. Em eventos como casamentos, aniversários e coquetéis de empresas, além de comer excessivamente, as pessoas têm a tendência de colocar no prato mais do que conseguem comer. Além disso, para as empresas que prestam esse tipo de serviço, é muito difícil calcular a quantidade exata a oferecer aos convidados, o que leva a exageros e, consequentemente, ao desperdício de alimentos;

– falta de conscientização dos donos de restaurantes sobre os problemas ambientais ligados à elevada produção de resíduos orgânicos.

A saída para reduzir o desperdício de alimentos no setor de alimentação seria incentivar os clientes a fazerem reservas, o que permitiria aos proprietários prever a quantidade de comida necessária. Além disso, os restaurantes poderiam incentivar os clientes a levarem as sobras para casa. Esse é um hábito pouco comum em diversos países. Por fim, seria bom melhorar a qualidade da merenda escolar e educar as crianças para que elas dessem o devido valor aos alimentos.

Consequências do desperdício

O desperdício de alimentos ao longo de toda a cadeia alimentar tem consequências ambientais, econômicas, sanitárias e sociais; é importante conhecê-las para tomar consciência desse problema, no qual estamos diretamente envolvidos, justamente porque diz respeito aos alimentos. Pelo menos três vezes ao dia deparamo-nos com essa complexa cadeia e suas regras e interagimos com elas, deslocando a demanda para um ou outro produto, nem sempre conscientes de nossas escolhas.

CONSEQUÊNCIAS AMBIENTAIS

Reduzir o desperdício de alimentos traria um duplo benefício para o ambiente: de um lado, diminuiria a quantidade de resíduos a serem transportados e eliminados; de outro, evitaria exaurir, sem necessidade, os recursos limitados do planeta para produzir alimentos que depois irão para o lixo. A utilização mais eficiente dos recursos e a redução da quantidade de resíduos a serem eliminados poderiam trazer benefícios tanto quantitativos quanto qualitativos às águas da superfície e às subterrâneas; ao solo e ao subsolo, como proteção do solo fértil e contra a erosão e o risco de contaminação; ao ar, por causa da menor emissão de poluentes na atmosfera, ligada tanto à produção quanto à eliminação dos produtos; e ao clima, por causa da redução das emissões ligadas ao transporte, produção agrícola e pecuária.

Os principais impactos ambientais ligados à crescente produção e gestão do desperdício de alimentos são:
– aumento do efeito estufa, ligado ao transporte e à eliminação de resíduos;
– aumento contínuo da quantidade de resíduos produzidos e, consequentemente, necessidade de novos aterros, usinas incineradoras e de compostagem;
– emissões poluentes ligadas ao transporte de resíduos de alimentos;
– maior risco de contaminação do terreno e uso indevido do solo.

Como Andrea Segrè e Luca Falasconi alertam, em sua obra *Il libro nero dello spreco in Italia* [O livro negro do desperdício na Itália], é possível medir o impacto ambiental do desperdício de alimentos usando índices reconhecidos internacionalmente:
– **pegada de carbono** (contribuição para o efeito estufa): para cada quilo de hortifrutícolas produzido é emitido 0,08 quilo de CO_2;
– **pegada de água** (consumo de água real e virtual necessário para a produção de um bem): para cada quilo de hortifrutícolas produzido é consumido 0,7 metro cúbico de água;
– **pegada ecológica** (quantidade de terra ou mar biologicamente produtivos necessários para fornecer os recursos ou absorver as emissões associadas a um determinado bem ou processo): para cada quilo de hortifrutícolas produzido são necessários 3,7 metros quadrados de área global.

Com base nesses índices, é possível calcular o impacto ambiental causado por **14 milhões de toneladas** de hortifrutícolas desperdiçadas ao ano na Itália, que correspondem a **1 bilhão de quilos de CO_2 emitido sem necessidade, 9,8 bilhões de metros cúbicos de água desperdiçados e 51 bilhões de metros quadrados globais**

de áreas utilizadas sem necessidade. Reduzir o desperdício significa, acima de tudo, melhorar a eficiência na gestão dos recursos naturais para um uso mais sustentável do que é praticado atualmente.

CONSEQUÊNCIAS SANITÁRIAS

Os resíduos de alimentos representam uma perda importante de nutrientes que poderiam proporcionar a ingestão calórica ideal para quem não ingere calorias suficientes. Considerando que o desperdício de hortifrutícolas é de 14 bilhões de toneladas/ano na Itália, imaginem quantos nutrientes preciosos são perdidos.

No que diz respeito aos lares, o que mais se joga fora são talos, cascas e folhas de frutas, verduras e legumes, que são verdadeiras fontes concentradas de vitaminas, fibras e substâncias protetoras do organismo. Para utilizar essas partes descartadas de forma segura, é importante escolher produtos orgânicos, cultivados sem agrotóxicos.

Consumir habitualmente também as partes que normalmente descartamos garante uma boa ingestão de fibras e antioxidantes, que retardam o envelhecimento e previnem inúmeras doenças.

CONSEQUÊNCIAS ECONÔMICAS

Os resíduos de alimentos representam cerca de 25% do alimento adquirido e 8% dos gastos totais de uma família. Na Itália, isso corresponde a 454 euros por pessoa, ou mais de 1.300 euros para uma família de três pessoas.

A maior quantidade de resíduos domésticos vem dos hortifrutícolas. De algumas hortaliças chega-se a descartar 50% do produto. Aprender a utilizar todas as partes comestíveis dos alimentos, mesmo as mais fibrosas e menos nobres, permite dobrar o rendimento dos produtos e, portanto, economizar nas compras. O percentual de economia, obviamente, vai variar em função da quantidade de frutas e verduras que estamos acostumados a ingerir.

Outro aspecto importante é escolher produtos frescos e não processados, pois, além de mais econômicos, produzem menos resíduos sob a forma de embalagens. Além disso, menos partes comestíveis serão descartadas pelo produtor. Na melhor das hipóteses, as sobras vão virar ração para gado ou serão utilizadas na produção de álcool etílico.

CONSEQUÊNCIAS SOCIAIS

Transformar os resíduos de alimentos em riqueza pode trazer benefícios sociais e favorecer o aparecimento de iniciativas solidárias que melhorem as condições de vida de centenas de pessoas. É importante que os resíduos de alimentos sejam gerenciados em nível local.

Algumas organizações do terceiro setor fazem isso. O Last Minute Market, por exemplo, é um banco de alimentos que recolhe produtos em condições de consumo e os redistribui a entidades que ajudam pessoas carentes. O Last Minute Market atua em todas as etapas da cadeia alimentar na Itália inteira; além disso, contribuiu para a aprovação da Lei Antidesperdício, que incentiva doações de produtos não alimentícios.

Por sorte, iniciativas desse tipo continuam crescendo e têm permitido – pelo menos em nível local e enquanto não surgem políticas mais estruturadas em nível

nacional –, o reaproveitamento de resíduos. Entre elas, destaco:
- Projeto Bom Samaritano da cidade de Turim: desde 2005, o grupo recupera nos refeitórios escolares e em um hipermercado aquilo que, mesmo em condição de ser consumido, iria para o lixo;
- Verona Mercato: aderiu ao projeto Last Minute Market e permite que 170 toneladas de frutas e verduras sejam recolhidas e redistribuídas a entidades beneficentes em vez de serem destruídas;
- Buon Fine: projeto similar ao da cidade de Siena, através do qual, na hora do fechamento dos supermercados, o pessoal retira os produtos que estão em condições de serem aproveitados e os redistribui a entidades beneficentes.

Neste ponto, visto que os benefícios são tão tangíveis e numerosos, resta apenas indagar: por que essas iniciativas não se multiplicam em todo o território nacional?

Perspectivas futuras

Se nada for feito e a quantidade de alimentos desperdiçados seguir a tendência atual e continuar aumentando, estaremos diante de quantidades cada vez maiores de lixo e do aumento do custo de gestão desses resíduos.

Menos resíduos para eliminar traria benefícios ambientais notáveis para o solo e para o meio ambiente de uma forma geral, além de diminuir os custos de gestão, as emissões de poluentes na atmosfera, no solo, no subsolo e nos mananciais.

Sem dúvida, o maior incentivo para reduzir o desperdício de alimentos seria uma regulamentação coerente, que incentivasse ao máximo a reutilização de alimentos e aumentasse o custo de destruição destes, principalmente quando ainda estivessem em condições de serem aproveitados.

A utilização dos resíduos de alimentos deve ser feita localmente, em casa, nos restaurantes, nas empresas etc. Quanto mais iniciativas desse tipo surgirem, maior será a probabilidade de alcançarmos resultados significativos na redução do desperdício. De fato, não seria sustentável transportar resíduos para longas distâncias apenas para dar-lhes outro destino. É necessário, portanto, empenho individual. Os resultados – satisfatórios – serão sentidos no bolso e no paladar.

O DESPERDÍCIO DE ALIMENTOS NO BRASIL
- o Brasil está entre os dez países que mais desperdiçam comida no mundo. Aproximadamente 35% de toda a produção agrícola vai parar no lixo, o que equivale a mais de 10 milhões de toneladas de alimentos que poderiam alimentar os 54 milhões de brasileiros que vivem abaixo da linha da pobreza.
- dados do Serviço Social do Comércio (Sesc) apontam que 12 bilhões de reais em alimentos são jogados fora diariamente; o valor seria suficiente para garantir café da manhã, almoço e jantar para 39 milhões de pessoas.
- levantamento da Secretaria de Abastecimento e Agricultura do Estado de São Paulo mostra que todos os alimentos não aproveitados ao longo da cadeia produtiva representam 1,4% do PIB brasileiro, um rombo de 17,25 bilhões de reais no faturamento do setor agropecuário.
- números do Instituto Akatu indicam que nada muda na outra ponta da cadeia, o consumidor final: uma família média brasileira desperdiça, em casa, cerca de 20% dos alimentos que compra na semana.
- de acordo com um levantamento feito pelo governo do estado de São Paulo, o volume de perdas da Companhia de Entrepostos e Armazéns Gerais de São Paulo (Ceagesp), o maior mercado da América Latina, chega a 1% de tudo o que é vendido em um dia, ou seja, mais de 100 toneladas de alimentos são descartadas por dia.

Fonte: Revista *Desafios do desenvolvimento*. Instituto de Pesquisa Econômica Aplicada, Secretaria de Assuntos Estratégicos da Presidência da República, 2007.

COMO REDUZIR O DESPERDÍCIO DE ALIMENTOS EM CASA

Reduzir o desperdício de alimentos não deveria ser apenas uma prioridade do poder público; deveria ser um ato de cidadania de cada pessoa, individualmente, em sua relação com o meio ambiente, com a sociedade e também com aquele bilhão de pessoas que passa fome. Evitar o desperdício significa reduzir os excessos, comer quantidades satisfatórias, levar uma vida saudável e sustentável. Lembremos que, ao reduzir o desperdício, teremos consequências perceptíveis no dia a dia. Na realidade, um comportamento sustentável, que vise reduzir ao máximo o desperdício, traz importantes benefícios ao meio ambiente, à saúde e à economia.
Entre as inúmeras coisas que podem ser feitas, algumas boas práticas e atitudes trazem ótimos resultados: comprar e cozinhar quantidades adequadas e suficientes; conservar os alimentos da forma mais correta possível; interpretar corretamente as datas de validade; reciclar as sobras e aprender a utilizar as partes que estamos acostumados a jogar fora (talos, folhas externas das verduras, bagaços).

Comprar e cozinhar o suficiente

O problema da quantidade tem dois aspectos: de um lado, temos a tendência de comprar mais do que conseguiríamos consumir; e de outro, exageramos nas porções.
Nós, italianos, por exemplo, compramos em média o equivalente a 3.700 calorias por dia (Segré e Falasconi, 2011): é muito mais do que a necessidade energética ideal. O excesso de calorias leva ao excesso de peso, com consequentes danos à saúde. O preço baixo é um artifício para nos incentivar a comprar; por isso, os produtos com teor calórico excessivo são os mais baratos. As consequências dessas políticas, da publicidade e das ofertas nos supermercados, somadas à baixa conscientização dos consumidores, resultam em uma população cada vez mais obesa. Segundo dados do Ministério da

Saúde italiano, 50% dos homens, 34% das mulheres e 24% das crianças estão com sobrepeso. Consumir o suficiente, então, ajuda não apenas a economizar e reduzir o desperdício, mas também traz benefícios à saúde. Ceder às ofertas tentadoras dos supermercados e hipermercados nem sempre nos faz economizar, principalmente quando levamos para casa mais do que precisamos, e cujo excedente vai se deteriorar com certeza.

Outro problema é adquirir alimentos prontos em porções exageradas: inevitavelmente, isso vai nos levar a comer demais ou a produzir resíduos que irão para o lixo mais tarde.

O problema das porções muito grandes é real e piora a cada dia. Cozinhar e levar à mesa grandes quantidades de comida tem duplo efeito: as pessoas vão comer exageradamente e vão produzir uma grande quantidade de resíduos.

Para diminuir esse problema, sugiro levar pratos individuais já montados à mesa, desse modo todos comerão a quantidade de que necessitam diariamente. Evite levar à mesa, exceto em ocasiões especiais, travessas imensas de iguarias tentadoras que instigam a gula.

Devemos também mastigar lentamente, concentrando-nos no alimento: isso traz a sensação de saciedade antes de a pessoa se empanturrar.

O hábito das grandes porções é um dos mais difíceis de erradicar, pois a abundância à mesa é um prazer para os olhos, algo para o qual as pessoas dão muito valor.

Como conservar os alimentos

Conservar corretamente os alimentos é uma forma de reduzir o desperdício. A maioria dos produtos deles requer um ambiente fresco, seco e, no caso de conservas e picles, escuro.

São muitos os aspectos que não devemos subestimar na conservação de alimentos:

- temperatura: para alguns produtos, basta que a temperatura não seja muito elevada; para outros, no entanto, a refrigeração é indispensável.
- luz: acelera a deterioração dos alimentos, por isso é importante protegê-los, deixando-os em local escuro. É o caso do azeite de oliva extra virgem e das conservas.
- recipientes: os alimentos podem ser isolados do meio exterior para aumentar sua vida útil. Basta colocá-los em recipientes herméticos, envolvê-los em filme de PVC, que evita a desidratação dos produtos frescos e, naturalmente, embalá-los a vácuo (que duplica o tempo de validade de alguns produtos).

AREIA

A areia é o método ideal para conservar tubérculos. Encha um caixote de madeira com areia, terra ou serragem bem seca.

Conserve em seu interior cebolas, cenouras, nabos, beterrabas e outras raízes e mel.

SAL
O sal é um dos conservantes mais antigos. Pode-se conservar por muito tempo hortaliças, carnes e peixes recobrindo-os com sal ou mergulhando-os em salmoura (costuma-se usar uma proporção de 8% a 10% de sal). O cloreto de sódio desidrata as células e impede o desenvolvimento de microrganismos.

MEL OU AÇÚCAR
O açúcar, assim como o sal, é um bom conservante e impede a fermentação dos alimentos, desde que em concentrações adequadas. Pode-se conservar frutas cristalizadas ou em calda, ou ainda imersas numa solução de 20% de açúcar.

ÓLEO, VINAGRE OU ÁLCOOL
Conservar alimentos no óleo, no azeite ou no álcool é outra boa alternativa para sua preservação por um longo tempo.
– óleo: como todas as gorduras, o óleo isola o produto do oxigênio, impedindo a oxidação e criando uma proteção contra o desenvolvimento de microrganismos.
– vinagre: deve-se cortar o produto em pedacinhos, fervê-lo, escorrê-lo e mergulhá-lo em vinagre de vinho ou uma solução de ácido acético.
– álcool: utiliza-se em altas concentrações (superiores a 60%) e açúcar para conservar diversos tipos de frutas, como cerejas e damascos.

DEFUMAÇÃO
A defumação é realizada por meio da combustão da madeira. Com a fumaça, o alimento seca e fica aromatizado, e os microrganismos são eliminados.
A defumação a quente é feita colocando-se o alimento sob uma ação combinada de calor e fumaça à temperatura de 100-130 ºC.
A defumação a frio é mais lenta e é feita após a secagem do alimento.

SECAGEM
Desidratar produtos frescos é outra forma de conservá-los por mais tempo, mesmo em temperatura ambiente. Neste livro, há diversas receitas para desidratar

alimentos. Esta é a minha técnica de conservação preferida, pois permite estocar grandes quantidades de alimento em um espaço pequeno e por muito tempo. Existem vários métodos para desidratar os alimentos. O mais econômico é utilizar o calor do sol. Este tipo de secagem pode demandar muito ou pouco tempo, dependendo das irradiações solares. Com este método, as propriedades nutritivas dos alimentos permanecem inalteradas. Se tiver bastante espaço, aconselho você a experimentar. Você pode, por exemplo, transformar o varal de roupas em secador, recobrindo-o com uma tela e dispondo as hortaliças e as frutas que pretende secar em pedaços ou fatias. Também é possível desidratar no forno comum, desde que se possa regular a temperatura a 70 °C ou menos. Essa técnica é ideal para secar grandes quantidades de alimentos. Alguns fornos já têm a função "desidratar".
Por fim, você pode utilizar um desidratador doméstico, este com certeza oferece um dos métodos mais práticos. O desidratador consome pouca energia elétrica e pode ser utilizado o ano todo. Se tiver habilidade para construir um, coloque uma lâmpada no centro de uma caixa de madeira ou de papelão. Posicione uma ou duas grades sobre a lâmpada: esse calor vai proporcionar uma secagem lenta e completa.

Chega de desperdício

31

VÁCUO

Outra forma de aumentar, duplicar ou até triplicar a vida dos produtos é embalá-los a vácuo: essa técnica reduz a oxidação, torna a deterioração dos alimentos mais lenta e os protege do ataque de parasitas que não podem se desenvolver sem oxigênio. Se você ainda não tem uma embaladora a vácuo, pense em adquiri-la; os benefícios são inúmeros:
– prolonga a conservação de produtos como: farinhas, cereais, legumes, verduras, frutas frescas ou secas etc.;
– reduz o desperdício de alimentos;
– os produtos embalados a vácuo ocupam menos espaço na despensa, na geladeira e no freezer;
– os produtos embalados a vácuo mantêm suas propriedades organolépticas e sua fragrância.

Os benefícios das embalagens a vácuo não se limitam apenas ao meio ambiente e ao bolso; eles serão sentidos no paladar. Lembre que, além de conservar os produtos, é possível cozinhar com esse tipo de embalagem.

Procure adquirir saquinhos próprios para embalar a vácuo que sirvam também para cozinhar, pois os benefícios do cozimento a vácuo são vários. Você conhecerá alguns deles nas páginas dedicadas ao cozimento na máquina de lavar louças.

GELADEIRA E FREEZER

O frio é imprescindível para conservar os alimentos. É importante escolher e limpar bem os recipientes onde os alimentos são acondicionados, antes de colocá-los no refrigerador ou no freezer, que também devem ser mantidos sempre limpos.

Consumir até...

Ficando de olho na despensa, é possível consumir os produtos no melhor momento e preservar o máximo suas propriedades organolépticas. É muito importante interpretar corretamente as datas de validade e, ao mesmo tempo, avaliar a qualidade e possibilidade de consumi-los com segurança antes de decidir jogá-los fora ou não.

O fato é que desaprendemos a confiar em nossos sentidos e, com frequência, jogamos fora alimentos apenas porque a data recomendada para consumo expirou. É importante ainda fazer distinção entre dois tipos de datas de vencimento encontradas nos produtos: "consumir até..." e "consumir de preferência antes de...". Enquanto o primeiro alerta se refere à segurança alimentar do produto, e com certeza é necessário respeitá-lo, o segundo se refere à qualidade e às características organolépticas. Portanto, no caso do segundo tipo de alerta ("consumir de preferência antes de..."), passada a data de validade o produto ainda pode ser consumido.

Reciclagem das sobras

Cozinhar quantidades menores e usar uma balança são boas práticas que evitam a produção de grandes quantidades de resíduo. Nem sempre, no entanto, é possível evitar a produção de resíduos; nesses casos, é importante conservar os alimentos na geladeira, para evitar que fermentem em contato com o ar.

Por outro lado, se não quiser levar à mesa o mesmo prato, você pode recorrer a uma infinidade de receitas que aproveitam sobras: molhos para massas, risotos, sopas, bolinhos, recheios para tortas etc. Lembre-se de que há pratos clássicos cujos ingredientes principais são sobras de arroz, massa cozida, carne ou peixe cozidos, pão amanhecido ou preparos feitos no forno que perderam o aroma e a consistência.

Utilização de resíduos

Segundo um estudo da *Global Food Losses and Food Waste*, apresentado em 2011 pela FAO, frutas, verduras, legumes, raízes e tubérculos são os produtos que geram o maior percentual de resíduos. Por esse motivo, em minha pesquisa sobre a redução do desperdício na cozinha, concentrei-me justamente nas hortaliças. Após cerca de oito anos de experimentos, selecionei frutas, verduras e legumes que geram bastante resíduo e desenvolvi técnicas específicas para a utilização de cada tipo de casca, talo e folha.

Entre os resíduos de alimentos que normalmente descartamos, de fato há pouco que não seja comestível, e é possível fazer receitas a custo praticamente zero com talos, cascas, folhas e bagaços. É fundamental começar a perceber que essas partes, normalmente descartadas, são bons ingredientes, apenas requerem um preparo especial.

Para tratar dos resíduos mais fibrosos ou duros, como as folhas externas da alcachofra, é preciso ter à mão um passa--legumes ou um processador de alimentos; para as outras partes, basta uma tábua para corte e uma boa faca.

Não pense que para utilizar resíduos é necessário recorrer a caldeirões e encarar longos períodos de cozimento; na realidade, há receitas cruas e outras que permitem transformar partes fibrosas e duras em cremes aveludados ou saladinhas crocantes. Na tabela a seguir, você encontrará os percentuais de resíduos de alguns tipos de frutas, verduras e legumes. Esses percentuais se referem àquilo que efetivamente jogamos fora. Para confirmar esses dados, basta ter uma balança. Esses valores obviamente não dizem respeito às verduras já cortadas e preparadas, cujos resíduos foram produzidos durante o processamento.

Dê uma boa olhada nessa tabela e veja que os vegetais da última categoria (descarte superior a 41%) podem ajudá-lo a economizar bastante.

Resíduos de frutas, legumes e verduras: quanto jogamos fora habitualmente (e quanto na verdade poderíamos comer)

ALIMENTOS	RESÍDUOS	PERCENTUAL DE RESÍDUOS COMESTÍVEIS	DESCARTE EVITÁVEL
Batata	Casca	14%	menos de 20%
Beterraba	Casca e folhas	15%	
Cebola	Casca	28%	de 21% a 40%
Cenoura	Casca e folhas	25%	
Pepino	Casca	23%	
Rabanete	Folhas	26%	
Repolho e couve	Caule e folhas externas	37%	
Salsão	Folhas e pontas	38%	
Abóbora	Casca e fibras que envolvem as sementes e sementes	52%	mais de 41%
Alcachofra	Parte fibrosa do talo e folhas externas	60%	
Alho-poró e cebolinha	Partes verdes	60%	
Aspargos	Parte fibrosa	48%	
Brócolis	Folhas e talos	51%	
Cítricos	Casca	47%	
Couve-flor	Caule e folhas	48%	
Erva-doce	Ramagem e caule	60%	
Leguminosas	Vagens	68%	
Maçã e pera	Casca e miolo	41%	
Melancia	Casca e sementes	53%	
Tomate	Pele, líquido desperdiçado no corte e sementes	43%	

COMO ESCOLHER OS INGREDIENTES

Para reduzir o desperdício na cozinha e preservar a própria saúde e o meio ambiente, é necessário comprar conscientemente.

PRODUTOS ORGÂNICOS
O consumo de produtos sem agrotóxicos é o requisito mais importante quando se utiliza resíduos de frutas, verduras e legumes. De fato, nas folhas e na casca fica concentrada a maior parte dos pesticidas, herbicidas e fertilizantes nitrogenados nas hortaliças convencionais.
Ao utilizar 100% dos produtos, é possível compensar o custo adicional dos produtos orgânicos. Fazendo as contas, comparando o percentual de resíduos aproveitados com o custo adicional dos produtos orgânicos, o resultado é positivo: os benefícios serão muito maiores para o bolso, para a saúde e para o meio ambiente.

O produto orgânico é importante também para os animais, porque a ração oferecida ao gado pode conter grandes concentrações de pesticidas, que chegarão a nós através de ovos, carnes e laticínios. Além disso, devemos adquirir as hortaliças da estação, produzidas perto de onde moramos e que percorreram pequenas distâncias até chegar ao ponto de venda. É importante buscar produtos que respeitem todos esses requisitos, para evitar contradições como produtos orgânicos que foram colhidos em plena safra, só que na Austrália, e percorreram milhares de quilômetros até chegar à sua mesa.

PRODUTOS DE ORIGEM ANIMAL (CARNE, PEIXE, LATICÍNIOS E OVOS)

No que diz respeito a ovos, laticínios ou carnes, o melhor é consumi-los moderadamente e escolher aqueles oriundos de um produtor de médio a pequeno porte, e não de grandes pecuaristas. A carne, principalmente a vermelha, é responsável por um terço das emissões de gás carbônico que provocam o efeito estufa. A criação de animais consome um terço dos recursos agrícolas mundiais. Se o preço da carne levasse em conta os custos ambientais, ou seja, a poluição das águas, do ar, do solo e a contribuição para o efeito estufa, com certeza seria altíssimo. Mas essa conta vai chegar – pode levar anos – e pouco se fala nisso. No máximo, há um ou outro artigo na imprensa, e por isso a maior parte das pessoas ignora os problemas ambientais provocados pelos grandes pecuaristas. A resposta comumente dada é que, graças a eles, todos podem comer carne todos os dias; com certeza, é uma verdade, mas a que preço para a nossa saúde, para o meio ambiente, para a condição em que são criados bois, frangos, perus, coelhos, porcos, patos, gansos...?

O peixe, então, merece um capítulo à parte. Também nesse caso é importante o consumo moderado. Em relação ao pescado, é fundamental escolher espécies menos exploradas, do tamanho certo, que estejam na base da cadeia alimentar e sejam provenientes de rios e mares locais. Ao adquirir peixes de criadouro, escolha as espécies sustentáveis e orgânicas, se possível.

Os produtos vegetais, ao contrário, só trazem benefícios, portanto aumente cada vez mais seu consumo diário e deixe os produtos de origem animal de lado.

COMPRAS

Para respeitar todos os requisitos da compra ecológica, é necessário:
- produzir alguns itens em seu próprio jardim ou quintal;
- fazer parte de uma cooperativa de compras;
- comprar em feiras de produtos orgânicos promovidas pelos próprios agricultores, ou em locais onde se possa adquirir hortaliças diretamente do produtor;
- comprar de empresas que promovem a venda direta ao consumidor.

É importante adquirir hortaliças inteiras, antes que as partes que costumam ser descartadas tenham sido retiradas, por três importantes motivos:
- frescor: cascas, talos e folhas de frutas e verduras são ótimos indicadores do estado de frescor dos produtos. São os primeiras a murchar, deteriorar, amarelar ou perder a rigidez.
- economia: normalmente os produtos processados e já descascados, sobretudo quando são divididos em porções e colocados em bandejinhas, são vendidos por quilo, cujo preço proporcional é sempre superior ao dos produtos a granel e inteiros.
- ambiente: se as frutas e verduras são limpas pelo revendedor, produtor ou funcionário de um grande supermercado, os resíduos vão inevitavelmente para o lixo; quando os produtos são adquiridos inteiros, é possível utilizar essas partes e, em consequência, diminuir a produção de resíduos alimentícios.

Por esses e outros motivos, é importante evitar ao máximo adquirir frutas, verduras e legumes processados, selecionados e acondicionados, dando preferência aos produtos inteiros, com todas as partes íntegras e bom aspecto. Sua saúde vai agradecer e seu bolso, mais ainda.

COMO ECONOMIZAR RECURSOS NA COZINHA

Economizar recursos naturais significa racionalizar o consumo.
Sem grande esforço, é possível economizar enquanto cozinhamos: basta ter alguns cuidados e uma boa panela de pressão.

Boas práticas a custo zero

Panela de pressão: Tem gente que não usa por acreditar que ela é perigosa; na realidade, seguindo as recomendações do fabricante e mantendo a válvula que há na tampa sempre limpa, não há o que temer. A panela de pressão é uma invenção fantástica, uma verdadeira aliada da boa cozinha na redução do consumo de água e gás.

Reutilização da água de cozimento: A água de cozimento do macarrão, e eventualmente do arroz, fica impregnada de amido, que tem propriedades espessantes e pode entrar no preparo de molhos, sopas e cremes.

Como escolher panelas e tampas: Ao cozinhar, é importante escolher a panela ou frigideira mais indicada não só para aquilo que vai ser preparado, mas também para o fogão. Se possível, cozinhe com as panelas tampadas, dessa forma você consumirá quatro vezes menos gás.

Panelas e cestos para cozimento no vapor: O cozimento a vapor é saudável e não exige gorduras. Se possível, cozinhe no vapor aproveitando o calor de uma panela que já esteja no fogão; por exemplo, você pode preparar verduras no vapor enquanto cozinha o macarrão. Para isso é só usar panelas de bambu específicas, que podem ser empilhadas sobre a panela com água fervente. Dessa forma, você não vai consumir recursos adicionais.

Programas do lava-louças que podem ser utilizados para cozinhar

CICLOS DE LAVAGEM	ECO	NORMAL/AUTOMÁTICO	INTENSIVO
Duração	2h30-3h	1h45-2h30	2h-2h30
Temperatura média	50-55 °C	55-70 °C	65-75 °C
Consumo de água	10-16 litros	8-20 litros	17-24 litros
Consumo de energia	0,6-1,2 kW/h	0,7-1,2 kW/h	0,9-1,7 kW/h

Cozinhando no lava-louças

A máquina de lavar louças oferece uma forma inédita de cozinhar a baixa temperatura, aproveitando o calor da água de lavagem enquanto os pratos sujos são limpos. O vapor criado dentro do lava-louças em funcionamento é similar ao que se desprende do vapor de uma panela, então por que não aproveitar isso para cozinhar? Escolha o recipiente e os ingredientes com base no ciclo de lavagem. Essa técnica é fácil, está à disposição de qualquer pessoa que possua um lava-louças e traz inúmeros benefícios, mas é preciso respeitar algumas regras para obter o máximo proveito sem nenhum risco: tomar cuidado com a higiene e a limpeza, usar recipientes hermeticamente fechados, escolher ingrediente da melhor qualidade e distribuir corretamente os alimentos embalados dentro da máquina de lavar.

Essa técnica inovadora de cozinhar oferece pelo menos dez vantagens:
- meio ambiente: é possível cozinhar sem consumir água e energia elétrica (cozinhar enquanto os pratos são lavados pelo menos três vezes por semana representa uma economia superior a 20%).
- saúde: as propriedades nutritivas dos alimentos cozidos a baixa temperatura são mais conservadas em comparação aos cozidos de forma tradicional.
- dieta: os alimentos são preparados sem gordura, reduzindo a ingestão calórica sem prejudicar o sabor das receitas.
- economia: consegue-se o melhor rendimento de cortes menos nobres de carne, que serão cozidos a custo praticamente zero.
- sabor: as propriedades organolépticas dos alimentos ficam realçadas ao máximo.
- tempo livre: enquanto a máquina lava e cozinha, você terá tempo para fazer o que quiser, pois não terá pratos, panelas e talheres para limpar.
- cozimento a baixa temperatura: a consistência e o sabor dos alimentos ficam incomparáveis, dificilmente obtidos com cozimentos tradicionais.
- não deixa cheiro nem esquenta a cozinha: os alimentos cozinham hermeticamente fechados em recipientes ou saquinhos próprios para cozimento a vácuo, portanto, a cozinha ficará sem odores.
- facilidade e velocidade no preparo: essa técnica está ao alcance de todos; basta fechar os ingredientes hermeticamente e colocá-los no lava-louças.
- programação das refeições: para aproveitar ao máximo os benefícios da máquina de lavar louças, é importante programar o horário das lavagens e das refeições. Dessa forma, ao voltar para casa, você poderá encontrar o jantar pronto ou acordar de manhã com o café da manhã à sua espera.

Chega de desperdício

EQUIPAMENTO

Antes de experimentar a cozinha sustentável e sem desperdício, é necessário providenciar alguns equipamentos úteis.

Faca e tábua para corte: Escolha uma faca de boa qualidade e bem afiada. Não faça nem pense em outra coisa enquanto estiver utilizando a faca.

Panela de pressão: Para reduzir à metade o consumo de água e de energia elétrica, qualquer modelo serve. É importante manter a válvula bem limpa e trocar a borracha da tampa quando necessário.

Passa-legumes: Esse equipamento serve para separar a polpa e a fibra dos alimentos; há modelos elétricos e com base intercambiável, de acordo com o ingrediente a ser triturado.

Centrífuga: Obtém-se o mesmo resultado do passa-legumes, mas em poucos segundos; é indicada para grandes quantidades. Muito veloz, permite transformar em poucos instantes os produtos mais duros e menos apetitosos em sucos prontos para beber e polpa pronta para usar.

Liquidificador, processador, batedeira: Para triturar, bater ou misturar as partes mais duras e fibrosas dos ingredientes.

Embaladora a vácuo: Imprescindível para conservar os resíduos até o momento de utilizá-los e para cozinhar a vácuo e a baixas temperaturas no lava-louças.

Descascador de legumes, espremedor de batata, descaroçador de maçã, extrator de polpa: Muito úteis para retirar e melhorar o aproveitamento de cascas e polpas.

COMO CONSULTAR AS RECEITAS

Neste livro, você encontrará receitas para utilizar várias hortaliças e frutas que produzem resíduos. Uma recomendação especial diz respeito às matérias-primas: é importante que não sejam tratadas, ou seja, é preferível que sejam orgânicas. Quando não houver indicação, as receitas servem quatro pessoas; as porções, no entanto, estão apenas sugeridas e podem ser adaptadas à quantidade de resíduos que se tem em casa.

O tempo de preparo e cozimento não foram especificados, pois muitas receitas têm várias etapas até se chegar ao resultado final. Além disso, os tempos variam de acordo com o forno e o fogão que você tem em casa.

Indicamos também o percentual de resíduos e a economia obtida para cada fruta, legume ou verdura:

⦿○○ – nível baixo de economia (a quantidade de resíduos é inferior a 20% do peso do produto inteiro)

⦿⦿○ – nível médio de economia (a quantidade de resíduos está entre a 20% e 40% do peso do produto inteiro)

⦿⦿⦿ – nível alto de economia (a quantidade de resíduos é superior 41% do peso do produto inteiro)

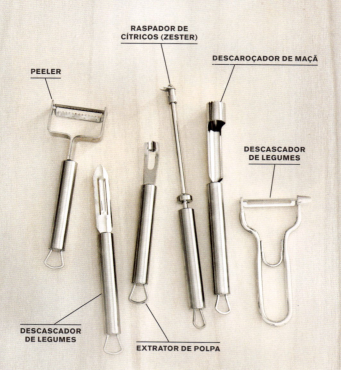

OS
ALIMENTOS

ABÓBORA

Casca, sementes e fibras que envolvem as sementes

MESES: março a outubro

PERCENTUAL DE RESÍDUOS COMESTÍVEIS
Cerca de 52%

ECONOMIA: ◉ ◉ ◉

VALOR NUTRITIVO
O betacaroteno presente na abóbora ajuda a proteger o organismo contra diversas doenças, beneficia o sistema circulatório e tem efeito anti-inflamatório. O óleo contido nas sementes é rico em vitamina E, uma ótima aliada contra o envelhecimento das células; além disso, tem poucas calorias e é de fácil digestão.

COMO COMPRAR
A abóbora deve apresentar casca firme, lisa, sem rachaduras e sem manchas. A polpa deve estar bem firme e com a cor característica da variedade uniforme.

COMO UTILIZAR OS RESÍDUOS
Embora soe estranho, pode-se aproveitar tudo da abóbora. Até mesmo a casca, que tem aspecto coriáceo, torna-se tenra e cremosa depois de cozida. Quanto ao sabor, as melhores cascas são as das variedades claras, amareladas, alaranjadas e rajadas, como da abóbora japonesa e da moranga. As fibras que envolvem as sementes, quando assadas no forno, podem se transformar em waffles. Já as sementes, depois de tostadas, são ótimos petiscos.

PAPPARDELLE DE CASCA DE ABÓBORA COM PESTO DE NOZES

INGREDIENTES
- 200 g de casca de abóbora
- 350 g de farinha de espelta fina ou farinha de trigo
- sal a gosto
- farinha de trigo para polvilhar
- 100 g de nozes
- 150 g de queijo pecorino em lascas
- azeite de oliva extra virgem o quanto baste
- noz-moscada e pimenta-do-reino a gosto

Lave bem a casca de abóbora. Coloque na panela de pressão, cubra com água e deixe cozinhar por 10 minutos, contados a partir do momento em que a panela começar a chiar. Libere o vapor, escorra e passe a casca pelo espremedor de batata para obter um purê. Coloque o purê numa tigela, adicione a farinha de espelta e uma pitada de sal. Sove até obter uma mistura lisa e homogênea. Com o rolo, abra a massa até ficar bem fina. Polvilhe levemente a farinha de trigo, enrole a massa e, com uma faca, corte em tiras de 1,5 cm de largura. Estenda as tiras sobre uma superfície enfarinhada até a hora de cozinhar.

Ferva bastante água com sal. Em um pilão, amasse as nozes junto com o queijo pecorino e vá acrescentando o azeite até obter uma mistura cremosa. Acerte o sal e tempere com noz-moscada e pimenta-do-reino. Cozinhe a massa e, quando estiver al dente, escorra. Sirva imediatamente com o pesto de nozes. Decore com lascas de pecorino (opcional).

O pappardelle pode ser conservado por algumas semanas. Deixe secar por uma noite e depois conserve em um recipiente bem fechado na geladeira. Dessa forma, você sempre terá a massa com alguma antecedência.

CHIPS DE CASCA DE ABÓBORA COM HOMUS

INGREDIENTES
- casca e sementes de 1 abóbora
- azeite de oliva extra virgem a gosto
- 1 colher (chá) de cúrcuma e mais um pouco para polvilhar
- sal e pimenta-do-reino a gosto
- 240 g de grão-de-bico cozido
- suco de 1 limão-siciliano
- 1 dente de alho sem casca
- 1 colher (chá) de cominho em pó
- hortelã e gergelim branco para decorar

A abóbora lisa, com casca alaranjada ou rajada, é mais adequada para esta receita, mas, se não encontrar, use outra variedade. Descasque a abóbora depois de lavá-la bem. Toste as sementes no forno a 150 °C por 30 minutos e reserve. Quando esfriarem, descasque e reserve. Corte a casca da abóbora em triângulos e disponha em uma assadeira. Tempere com azeite, cúrcuma, sal e pimenta-do-reino e leve ao forno a 180 °C por 20 minutos. Enquanto assa, prepare o homus. Passe as sementes de abóbora reservadas no processador. Junte 2 colheres (sopa) de azeite aos poucos, sem parar de bater. Acrescente o grão-de-bico, o suco de limão, o alho picado, o cominho e bata de novo. Acerte o sal e distribua o homus entre quatro tigelinhas, salpique cúrcuma e decore com hortelã. Coloque os pedaços de casca de abóbora assada em uma tigela e sirva o homus à parte, decorado com sementes de abóbora tostadas ou gergelim. Agora é só apanhar o homus com a casca e saborear.

MUFFINS DE CASCA DE ABÓBORA

INGREDIENTES
- 250 g de casca de abóbora lisa
- 1 ovo
- 150 g de manteiga em temperatura ambiente
- 80 g de açúcar mascavo
- 1 envelope de fermento em pó químico
- 200 g de farinha de trigo
- 100 g de mel
- casca de ½ limão-siciliano
- uma pitada de sal

Lave bem a casca da abóbora. Cozinhe na panela de pressão com pouca água por 15 minutos, contados a partir do momento em que a panela começar a chiar (ou por 30 minutos numa panela comum). Escorra a casca e amasse-a com um garfo ou no espremedor de batata. Depois que o purê amornar, junte o ovo, a manteiga, o açúcar, o fermento e a farinha. Misture com o batedor manual e despeje a mistura em forminhas untadas. Asse em forno preaquecido a 180 °C por 35 minutos. Retire os muffins do forno e desenforme quando estiverem frios.

ALCACHOFRA

Talos e ponta das folhas externas

MESES: setembro e outubro

PERCENTUAL DE RESÍDUOS COMESTÍVEIS
60%

ECONOMIA: ◉◉◉

VALOR NUTRITIVO
A alcachofra tem propriedades depurativas, digestivas e diuréticas. Todas as suas partes, inclusive a ponta das folhas externas e o talo, são ricas em potássio, fósforo e manganês.

COMO COMPRAR
Escolha alcachofras bem frescas, ou o rendimento dos resíduos será baixo. Para certificar-se de que estejam frescas, segure pelo talo e balance suavemente: se o talo estiver flexível, ela está madura.

COMO UTILIZAR OS RESÍDUOS
A ponta das folhas da alcachofra é um dos maiores desafios para quem quer utilizar 100% dos produtos. Sim, as folhas externas contêm polpa, mas separá-la da parte comestível exige trabalho. Em primeiro lugar, cozinhe as folhas externas na panela de pressão com pouca água, por cerca de 20 minutos, contados a partir do momento em que a panela começar a chiar (ou por 40 minutos em panela comum). A seguir, triture no passa-legumes ou no processador, até virar um creme. Coloque em uma fôrma de gelo e congele. Utilize esse creme sempre que quiser dar um toque de alcachofra a um prato. O talo da alcachofra é muito mais simples de utilizar: tire a parte mais fibrosa com um descascador de legumes, cozinhe no vapor e utilize a gosto.

TORTINHAS DE TALOS E FOLHAS DE ALCACHOFRA

INGREDIENTES
Para a massa:
- 100 g de manteiga
- 200 g de farinha de trigo
- cerca de ½ xícara (chá) de água filtrada
- sal a gosto

Para o recheio:
- folhas externas e talos de 4 alcachofras
- 1 ovo
- um punhado de queijo parmesão ralado
- sal, pimenta-do-reino e noz-moscada a gosto
- manteiga para untar

Prepare a massa: misture a manteiga em temperatura ambiente e a farinha. Adicione a água aos poucos até obter uma massa homogênea. Embrulhe em filme de PVC e leve à geladeira por meia hora. Prepare o recheio: cozinhe as folhas externas na panela de pressão com pouca água por 20 minutos, contados a partir do momento em que a panela começar a chiar (ou por 40 minutos em panela comum). Cozinhe os talos no vapor. Coe e triture talos e folhas no processador, até virar um creme. Guarde os resíduos para preparar a farinha de alcachofra (ver p. 220). Junte ao creme o ovo e metade do queijo ralado e tempere com sal, pimenta-do-reino e noz-moscada. Unte as forminhas. Abra a massa com o rolo. Trabalhe rapidamente, sem tocar a massa com as mãos. Corte a massa e pressione-a contra o fundo das forminhas. Coloque uma colherada de creme de alcachofra em cada tortinha e polvilhe o queijo ralado restante. Asse no forno a 180 ºC por cerca de 20 minutos. Retire do forno, deixe amornar, decore a gosto e sirva.

SPÄTZLE COM FOLHAS DE ALCACHOFRA

INGREDIENTES
- folhas externas e talos de 4 alcachofras
- 200 g de farinha de trigo
- 2 ovos
- sal e noz-moscada a gosto
- 100 g de manteiga
- 2 folhas de sálvia
- 2 colheres (sopa) de queijo parmesão ralado na hora
- pimenta-do-reino moída na hora a gosto

Ferva as folhas externas e os talos da alcachofra na panela de pressão, com pouca água por 20 minutos, contados a partir do momento em que a panela começar a chiar (ou por 40 minutos em panela comum). Coe tudo e triture no passa-legumes. Reserve os resíduos de fibras para a farinha de alcachofra (ver p. 220).
Adicione a farinha, os ovos, uma pitada de noz-moscada e outra de sal ao creme de alcachofra. Misture até obter uma mistura homogênea e não muito líquida. Caso fique líquida demais, adicione um pouco mais de farinha. Ferva bastante água com sal numa panela. Corte nhoques pequeninos em uma nhoqueira ou à mão. Coloque na água fervente. Em uma panelinha, derreta a manteiga e coloque a sálvia. Quando os nhoques subirem, retire com a escumadeira coloque em um escorredor. Distribua os spätzles entre os pratos e regue com a manteiga derretida com sálvia. Finalize com o queijo ralado e um pouco de pimenta-do-reino moída na hora.

MEZZALUNA AO CREME DE ALCACHOFRA

INGREDIENTES
- folhas externas de 4 alcachofras
- 1 xícara (chá) de queijo parmesão ralado, mais um pouco para polvilhar
- sal, pimenta-do-reino moída na hora e noz-moscada a gosto
- 300 g de farinha de trigo
- 3 ovos
- 100 g de manteiga
- ervas aromáticas frescas

Ferva as folhas externas das alcachofra na panela de pressão por 15 minutos, contados a partir do momento em que a panela começar a chiar (ou por 30 minutos em panela comum). Coe as folhas e reserve a água do cozimento. Pique as folhas e triture no processador. Guarde os resíduos para preparar a farinha de alcachofra (ver p. 220).
Misture ao creme o queijo, a noz-moscada ralada na hora, o sal e a pimenta-do-reino. A mistura deve ficar compacta. Se ficar muito líquida, adicione mais queijo. Reserve. Coloque a farinha numa superfície de trabalho, abra uma cova no centro, coloque os ovos e misture. Sove até obter uma bola homogênea e elástica. Enfarinhe a superfície de trabalho, abra a massa com o rolo de massa até ficar bem fina (se preferir, use a máquina de macarrão).

Com um cortador de massa redondo de 10 cm de diâmetro, corte discos de massa. Coloque 1 colher (sopa) do recheio em cada um, dobre ao meio e pressione as laterais para fechar. As sobras da massa podem ser usadas em sopas – lembre-se de que a massa, depois de seca, pode ser conservada na geladeira por alguns dias.
Ferva a água de cozimento reservada com sal e adicione a mezzaluna delicadamente. Numa frigideira, derreta a manteiga com as ervas aromáticas rasgadas. A massa cozinha em cerca de 2 minutos. Retire-a da panela com uma escumadeira, para não desmanchar, e distribua entre os pratos. Regue com a manteiga e polvilhe o queijo. Decore o prato com folhas de alcachofra cortadas à juliana (em tirinhas), salteadas na frigideira com um fio de azeite, e sirva imediatamente.

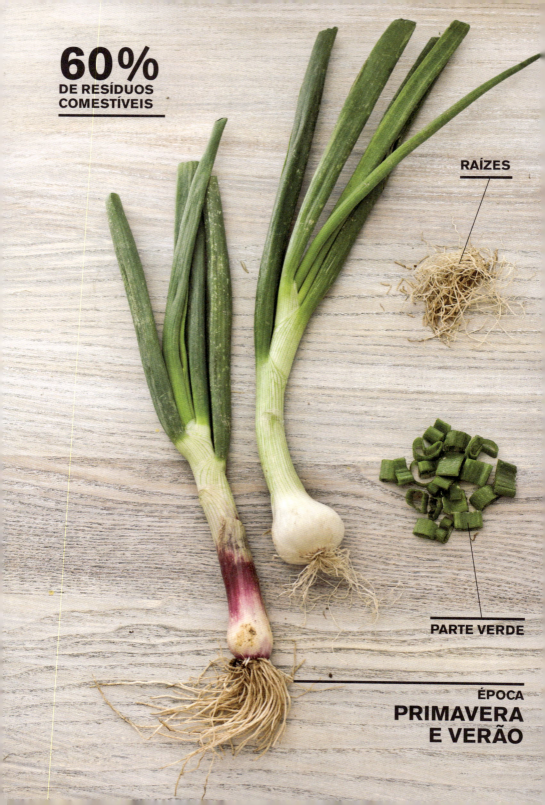

ALHO-PORÓ E CEBOLINHA

Parte verde e raízes

MESES: novembro e dezembro

PERCENTUAL DE RESÍDUOS COMESTÍVEIS
Cerca de 60%

ECONOMIA: ◉ ◉ ◉

PROPRIEDADES NUTRITIVAS
A cebolinha tem propriedades tonificantes, diuréticas e antissépticas. É usada para curar anemias e artrite, diminui o colesterol e reforça o sistema imunológico.

DICAS NA HORA DE COMPRAR
A parte verde deve estar bem firme e com coloração verde-escura, sem partes amareladas ou murchas, que indicam que não estão frescas.

COMO UTILIZAR OS RESÍDUOS
A parte verde do alho-poró e da cebolinha é utilizada de maneira similar à parte branca – mas lembre-se de que é menos tenra e tem um sabor mais acentuado. Os resíduos comumente descartados são extremamente versáteis, incluindo as raízes, que merecem um aparte. Quando são longas e frescas, elas são bem divertidas de usar, pois lembram espaguetes: basta fervê-las em água e elas se tornam fáceis de digerir, mas é bom não exagerar nas porções.

SAMOSAS DE ALHO-PORÓ E BATATA

INGREDIENTES
Para a massa:
- 385 g de farinha de trigo integral
- 1 colher (sopa) de sal
- 125 ml de azeite de oliva extra virgem
- 125 ml de água filtrada ou o quanto baste

Para o recheio:
- 2 batatas
- 2 colheres (sopa) de azeite de oliva extra virgem
- 2 alhos-porós (somente a parte verde)
- 1 colher (sopa) de gengibre sem casca ralado
- 2 pimentas vermelhas frescas picadas
- 1 colher (chá) de coentro fresco picado
- 3 colheres (sopa) de água filtrada
- 1 colher (chá) de curry em pó
- suco de ½ limão
- sal a gosto
- manteiga para untar
- gema para pincelar

Prepare a massa: coloque em uma tigela a farinha, o sal e o azeite. Adicione a água e sove até formar uma massa homogênea e firme. Forme uma bola, cubra com um pano e deixe descansar por 45 minutos. Prepare o recheio: cozinhe as batatas até ficarem tenras; deixe esfriar em temperatura ambiente e corte em cubinhos. Corte o alho-poró bem fininho. Em uma panela, aqueça o azeite, acrescente a batata e o alho-poró e cozinhe por 3 minutos. Junte o gengibre, a pimenta, o coentro, a água, o curry e o suco de limão. Cozinhe até o líquido evaporar completamente. Acerte o sal e deixe esfriar. Reserve.
Preaqueça o forno a 180 °C. Abra a massa com o rolo até ficar bem fina. Corte em tiras de 5 cm de largura. Disponha uma colherada de recheio em uma das pontas da tira. Dobre a ponta da massa, em diagonal, sobre o recheio, formando um triângulo. Dobre a ponta para o lado, sobre a tira de massa, de forma a manter o triângulo. Dobre novamente na diagonal e depois para o lado, repetindo o procedimento até terminar a tira de massa e formar um pacotinho. Umedeça as bordas com água e feche bem. Disponha as samosas em uma assadeira untada com manteiga e pincele a gema. Asse por 30 minutos ou até que as samosas fiquem douradas e crocantes. Se quiser, sirva as samosas acompanhadas de um molho à base de iogurte natural, folhas de hortelã fresca picadas e alho.

SUFLÊ DE PONTAS VERDES DE ALHO-PORÓ

INGREDIENTES
- 2 alhos-porós (somente a parte verde)
- 4 colheres (sopa) de manteiga, mais um pouco para untar
- 100 g de farinha de trigo
- 300 ml de leite
- sal, pimenta-do-reino branca e noz-moscada a gosto
- 50 g de queijo parmesão ralado na hora
- 3 gemas
- 5 claras
- farinha de trigo para polvilhar

Corte o alho-poró em fatias finas. Em uma panela, aqueça 1 colher (sopa) de manteiga e refogue o alho-poró por alguns minutos. Cubra com água (ou com caldo de legumes, se preferir) e deixe cozinhar em fogo brando até o líquido evaporar completamente. Reserve.
Na mesma panela, aqueça o restante de manteiga, adicione a farinha e cozinhe por alguns minutos, mexendo sempre. Junte o leite e tempere com sal, pimenta-do--reino e noz-moscada ralada na hora. Deixe levantar fervura, diminua o fogo e cozinhe por 5 minutos, sem parar de mexer. Retire do fogo e espere esfriar, misturando de vez em quando. Acrescente o alho-poró, metade do queijo parmesão ralado e as gemas. Bata as claras em neve e incorpore--as à mistura, mexendo delicadamente de baixo para cima.

Unte e enfarinhe forminhas individuais ou um refratário, encha até três quartos da altura com a mistura e polvilhe o queijo restante. Com um maçarico culinário, doure a superfície externa do suflê antes de levar ao forno. Se não tiver um, coloque sob o grill do forno ou do micro-ondas por alguns minutos antes de assar. Esse cuidado ajuda o suflê a permanecer aerado e evita que ele murche quando for retirado do forno. Asse o suflê em forno preaquecido a 180 °C por 25 a 30 minutos (ou 40 se a fôrma for grande). Não abra o forno enquanto o suflê estiver assando. Sirva assim que retirar do forno. Fazer um suflê perfeito é um dos maiores desafios culinários. Aceite esse desafio e não se aborreça, principalmente nas primeiras vezes, se os suflês não saírem perfeitos. A aparência não influencia o sabor e, tenha certeza, seu suflê vai ficar incrível!

TIRAS DE OMELETE COM CEBOLINHA IN BRODO

INGREDIENTES
- 3 cebolinhas (somente a parte verde)
- 1 colher (sopa) de azeite de oliva extra virgem
- sal e pimenta-do-reino a gosto
- 4 ovos
- noz-moscada a gosto
- 2 colheres (sopa) de queijo parmesão ralado na hora, mais um pouco para polvilhar
- 1 litro de caldo de legumes
- ramos de tomilho para decorar

Corte a cebolinha finamente. Em uma frigideira, aqueça o azeite e refogue a cebolinha em fogo baixo. Tempere com sal e pimenta-do-reino moída na hora. Cozinhe por alguns minutos, desligue o fogo e deixe esfriar. Se preferir um sabor mais delicado, afervente a parte verde no caldo de legumes antes de saltear na frigideira.

Em uma tigela, quebre os ovos e tempere com sal, pimenta-do-reino e noz--moscada ralada na hora. Bata com o batedor manual. Junte o refogado frio e o queijo parmesão e misture. Leve uma frigideira ao fogo. Quando estiver bem quente, despeje uma concha da mistura de ovos. Espalhe bem para formar uma camada uniforme e não muito grossa. Quando ficar firme, vire a omelete e depois reserve. Repita o procedimento até terminar a mistura de ovos. Enrole as omeletes e corte em tiras de 1 cm de largura. Esquente o caldo e distribua entre as cumbucas. Coloque as tiras de omelete. Decore com raminhos de tomilho ou finalize com pimenta-do-reino e queijo parmesão ralados na hora.

BOLINHOS DE ALHO-PORÓ E UVAS-PASSAS

INGREDIENTES
- 300 g de pão amanhecido
- ½ xícara (chá) de leite
- um punhado de uvas-passas, mais um pouco para servir
- ½ xícara (chá) de vinho branco
- 2 alhos-porós (somente a parte verde)
- 4 colheres (sopa) de manteiga
- 1 ovo
- 2 colheres (sopa) de farinha de trigo
- sal, pimenta-do-reino e noz-moscada a gosto
- 1 litro de caldo de legumes
- queijo parmesão ralado para polvilhar

Corte o pão grosseiramente e coloque numa vasilha com o leite. Deixe amolecer. Coloque as uvas-passas para hidratar no vinho. Corte o alho-poró em fatias bem finas. Em uma frigideira, aqueça 2 colheres (sopa) de manteiga e refogue o alho-poró. Adicione as uvas-passas e regue com o vinho. Deixe o álcool evaporar em fogo alto e desligue. Esprema o pão e pique miúdo.
Em uma tigela, misture com as mãos o pão, a mistura de alho-poró, o ovo e a farinha e tempere com sal, pimenta-do-reino e noz-moscada ralada na hora. Umedeça as mãos com água e faça bolinhos com cerca de 8 cm de diâmetro.
Ferva o caldo e cozinhe os bolinhos por 15 minutos em fogo brando. Retire com uma escumadeira e divida entre os pratos. Derreta o restante da manteiga e regue os bolinhos. Sirva imediatamente com queijo parmesão ralado e uvas-passas. Conserve o caldo do cozimento, que pode ser usado em diversas preparações.

RISOTO DE ALHO-PORÓ, QUEIJO DE CABRA E CASCA DE LIMÃO

INGREDIENTES
- 2 alhos-porós (somente a parte verde)
- 1 litro de caldo de legumes
- 1 colher (sopa) de manteiga
- 320 g de arroz carnaroli ou arbóreo
- 1 xícara (chá) de vinho branco seco
- 50 g de queijo de cabra fresco
- sal e pimenta-do-reino a gosto
- raspas de 1 limão-siciliano

Corte o alho-poró em tiras largas. Coloque o caldo de legumes para ferver. Em uma panela, derreta a manteiga em fogo baixo. Refogue o arroz. Após alguns minutos, adicione o alho-poró e o vinho branco. Acrescente o caldo, um pouco por vez, mexendo a cada adição. Quando o arroz estiver al dente (cerca de 15 minutos, dependendo do arroz), acrescente o queijo de cabra esmigalhado e misture. Tempere com sal e pimenta-do-reino. Distribua o arroz entre os pratos e decore com as raspas de limão.

ASPARGO

Parte fibrosa

MESES: setembro a dezembro

PERCENTUAL DE RESÍDUOS COMESTÍVEIS
Cerca de 48%

ECONOMIA: ◉◉◉

PROPRIEDADES NUTRITIVAS
O valor nutritivo dos talos de aspargos é o mesmo das pontas: são pobres em calorias, mas ricos em vitaminas A e C e sais minerais, como ferro e cálcio. Além disso, possuem propriedades depurativas e diuréticas.

COMO COMPRAR
Qualquer que seja a variedade, o aspargo deve ter cor uniforme. Quando fresco, é tenro mas firme, com a ponta fechada e compacta.

COMO UTILIZAR OS RESÍDUOS
A parte fibrosa dificulta, mas não torna impossível, a utilização total dos aspargos. Em primeiro lugar, raspe a ponta e o talo. Retire 3 a 4 cm da base (lembre que os aspargos devem ter o mesmo comprimento para cozerem por igual). Corte a parte fibrosa, que normalmente é descartada, em fatias finas: dessa forma, você quebra os longos filamentos.
É mais fácil cortar os talos dos aspargos crus. Para preparar cremes, cozinhe os talos inteiros no vapor e depois triture no processador para ganhar tempo.
Os aspargos tendem a absorver muito líquido. O cozimento a vapor ou a vácuo no lava-louças (ver p. 41) é mais adequado.

CESTINHAS DE PÃO COM CREME DE TALOS DE ASPARGO E QUEIJO

INGREDIENTES
- talos de 1 maço de aspargos
- a parte verde de 1 cebolinha
- 1 colher (sopa) de manteiga, mais um pouco para untar
- 2 colheres (sopa) de azeite de oliva extra virgem
- sal e pimenta-do-reino a gosto
- caldo de legumes o quanto baste
- 8 fatias de pão de fôrma
- 50 g de queijo cremoso

Corte os talos de aspargo e a parte verde da cebolinha em fatias finas. Em uma frigideira, aqueça a manteiga e o azeite. Refogue a cebolinha e a seguir acrescente os talos de aspargo. Tempere com sal e pimenta-do-reino moída na hora. Salteie por alguns minutos. Reserve um pouco da mistura para a decoração e regue o que ficou na frigideira com uma concha de caldo de legumes. Deixe cozinhar em fogo brando até o líquido evaporar. Desligue o fogo e espere amornar.
Bata tudo no liquidificador ou no processador, até virar um creme espesso. Coloque as fatias de pão sobre a superfície de trabalho e achate com o rolo de massa. Misture o restante do azeite com a mesma medida de água e pincele as fatias de pão. Disponha o pão em forminhas untadas, pressionando bem (ultrapasse a altura da fôrma, para deixar as cestinhas com bordas irregulares). Coloque um pouco de queijo cremoso em um lado da cestinha. No outro lado, arrume um pouco de creme de aspargos (o charme dessa tortinha é o recheio bicolor). Leve ao forno preaquecido a 180 °C e deixe assar por 20 minutos ou até a cestinha dourar. Deixe esfriar um pouco e desenforme. Decore com salsinha ou cebolinha picada.

TAGLIATELLE COM TALOS DE ASPARGO E AVELÃS

INGREDIENTES
- talos de 1 maço de aspargos
- um punhado de avelãs tostadas
- a parte verde de 2 cebolinhas
- 1 colher (sopa) de azeite de oliva extra virgem, mais um pouco para finalizar
- sal e pimenta-do-reino a gosto
- ½ xícara (chá) de vinho branco
- 4 porções de tagliatelle (calcule 2 ninhos por pessoa)
- queijo parmesão ralado para servir

Corte os talos de aspargos em fatias bem finas e cozinhe-os no vapor por 10 minutos (se possível, utilize uma panela de bambu específica para esse tipo de cozimento). Pique grosseiramente as avelãs e reserve. Corte a parte verde das cebolinhas à juliana (tiras finas).
Aqueça o azeite em fogo médio e salteie a cebolinha. Aumente o fogo e junte os talos de aspargos, temperando com sal e pimenta-do-reino moída na hora. Acrescente o vinho branco e mexa por alguns minutos. Diminua o fogo e acrescente uma concha de água fervente. Reserve.
Cozinhe o tagliatelle em água fervente salgada até ficar al dente. Escorra o tagliatelle e despeje a massa sobre a mistura de cebolinha. Salteie por alguns minutos, mexendo delicadamente. Distribua o tagliatelle entre os pratos, decore com as avelãs picadas grosseiramente. Finalize com um fio de azeite e, se quiser, queijo parmesão ralado na hora. Sirva a seguir.

ARROZ PILAF COM CREME DE TALOS DE ASPARGO

INGREDIENTES
- 250 g de talos de aspargo
- 1 cebola média picada
- 2 colheres (sopa) de manteiga
- 1½ xícara (chá) de arroz (prefira grãos finos)
- ½ xícara (chá) de vinho branco
- 3 xícaras (chá) de caldo de legumes
- azeite de oliva extra virgem, sal e pimenta-do-reino a gosto
- queijo parmesão ralado para polvilhar

Corte os talos de aspargo em fatias bem finas. Coloque numa fôrma refratária com a cebola picada e 1 colher (sopa) de manteiga e cozinhe por 3 minutos no micro-ondas ou asse por 10 minutos a 180 °C no forno convencional. Misture o arroz e o vinho e cozinhe por 3 minutos em potência máxima no micro-ondas ou asse por 5 minutos a 180 °C no forno comum. Regue o arroz com o caldo (a quantidade deve equivaler a duas vezes o volume de arroz). Tempere com azeite, sal e pimenta-do-reino moída na hora e cozinhe por mais 5 minutos no micro-ondas ou cerca de 8 minutos no forno convencional. Quando estiver cozido, acrescente o restante da manteiga e polvilhe o queijo. Leve imediatamente à mesa.

Os alimentos

BATATA

Casca

MESES: março a agosto

PERCENTUAL DE RESÍDUOS COMESTÍVEIS
Cerca de 14%

ECONOMIA: ◉○○

VALOR NUTRITIVO
A casca da batata contém uma concentração cem vezes maior de substâncias que protegem o organismo do que a polpa. Por esse motivo, mesmo que a quantidade de resíduos seja pequena em comparação com outras hortaliças, é importante manter a casca da batata ou guardá-la para utilizar em outras receitas. Por exemplo, basta acrescentar um pouco de vinagre balsâmico às cascas fritas para ficarem deliciosas.

COMO COMPRAR
Não compre batatas esverdeadas, com manchas, germinadas ou com muitos pontos escuros. Prefira as cultivadas sem agrotóxicos, melhor ainda se forem biodinâmicas.

COMO UTILIZAR OS RESÍDUOS
Deixe as batatas de molho em água fria por pelo menos meia hora antes de utilizar. Descasque e mantenha as cascas na água até a hora de usar, mas procure utilizar logo, pois em temperatura ambiente elas oxidam rapidamente. Elas pode ser preparadas de diversas formas: salteadas, gratinadas no forno, cozidas e até desidratadas.

CHIPS DE CASCA DE BATATA COM MUSSE DE QUEIJO PICANTE

INGREDIENTES
- 200 g de casca de batata
- 1 clara
- 200 g de queijo de cabra
- 1 colher (chá) de cúrcuma
- uma pitada de páprica
- 3 colheres (sopa) de azeite de oliva extra virgem
- sal e pimenta-do-reino a gosto
- cebolinha fresca picada para decorar

Cozinhe a casca por 5 minutos no vapor ou em água fervente. Escorra e deixe secar. Numa assadeira forrada com papel-manteiga, acomode as tiras de casca, sobrepondo-as ligeiramente para formar um trançado. Prense com o rolo de massa e pincele com a clara levemente batida para unir. Deixe uma boa distância entre os chips formados. Leve ao forno a 150 °C por 20 minutos.
Coloque o queijo de cabra em uma tigela e junte o cúrcuma e a páprica. Aos poucos adicione o azeite, sem parar de mexer. Tempere com sal e pimenta-do-reino moída na hora. Coloque a mistura de queijo de cabra em uma travessa e decore com a cebolinha. Sirva com os chips de casca de batata.

BOLINHOS DE CASCA DE BATATA

INGREDIENTES
- 100 g de farinha de grão-de-bico
- 150 ml de água filtrada
- ½ colher (chá) de sementes de cominho
- ½ colher (chá) de curry
- uma pitada de páprica
- ½ colher (chá) de fermento em pó
- 1 colher (chá) cheia de sal
- 2 cebolas pequenas ou 1 grande
- cascas de 1 kg de batata
- azeite de oliva extra virgem para fritar

Em uma tigela grande, misture a farinha de grão-de-bico a água, os temperos, o fermento e o sal. Cubra e deixe descansar por 30 minutos.
Descasque a cebola e pique bem miudinho (reserve as cascas para fazer um caldo ou a farinha de cebola, ver p. 220). Junte as cascas de batata e a cebola picada à massa de farinha de grão-de-bico e misture bem. Em uma panela pequena mas alta, coloque o equivalente a um dedo de azeite e aqueça. Adicione a mistura, uma colherada por vez, e deixe dourar. Vire para dourar do outro lado e retire da panela. Coloque sobre uma toalha de papel para absorver o excesso de azeite. Repita o procedimento até terminar a massa. Sirva os bolinhos quentes, como aperitivo ou entrada, acompanhados de uma compota agridoce ou um chutney (ver capítulo "Ecopresentes").

CASCA DE BATATA CARAMELIZADA AO VINAGRE BALSÂMICO

INGREDIENTES
- cascas de 1 kg de batata
- 2 fatias de pão amanhecido (de 2 a 3 dias)
- 3 colheres (sopa) de azeite de oliva extra virgem
- 1 dente de alho
- 1 colher (chá) de açúcar mascavo
- sal e pimenta-do-reino a gosto
- vinagre balsâmico a gosto

Deixe as cascas de batata em uma tigela com água fria até a hora de usar.
Corte o pão em cubinhos. Em uma frigideira, aqueça 2 colheres (sopa) de azeite. Adicione o pão, doure até ficar crocante e reserve.
Na mesma frigideira, coloque o restante do azeite, o dente de alho e o açúcar e salteie as cascas de batata. Tempere com sal e pimenta moída na hora e deixe fritar até as cascas ficarem douradas e crocantes. Regue com um pouco de vinagre balsâmico e deixe cozinhar por alguns minutos. Junte o pão e misture. Distribua entre os pratos e sirva. É ideal como acompanhamento.

CENOURA

Casca e folhas

MESES: agosto a dezembro

PERCENTUAL DE RESÍDUOS COMESTÍVEIS
Cerca de 25%

ECONOMIA: ◉◉○

VALOR NUTRITIVO
A cenoura é rica em caroteno, elemento que se transforma em vitamina A durante a digestão. Além disso, contém fósforo, potássio, cálcio, magnésio e sódio. Recomenda-se o consumo de, pelo menos, duas cenouras por semana.

COMO COMPRAR
Escolha cenouras firmes, com cor alaranjada viva e ramas bem verdes. A casca deve estar limpa, lisa, sem manchas verdes ou partes escurecidas.

COMO UTILIZAR OS RESÍDUOS
Hoje em dia é difícil encontrar cenouras com rama em supermercados, mas nas feiras livres e nas lojas que vendem produtos orgânicos isso é possível: basta pedir ao vendedor para não retirar a rama. Assim você pode aproveitar um ingrediente que é muito versátil, apesar do sabor concentrado. De fato, a rama é muito saborosa tanto crua quanto cozida, assim como as pontas e a casca, que também costumam ser desprezadas. Prefira as cenouras orgânicas. Cruas, podem ser temperadas com um bom azeite e especiarias, como a páprica e o cúrcuma. Cozidas, entram em refogados, sopas e purês para acompanhar pratos requintados e do dia a dia.

Os alimentos

TAPENADE DE CENOURA E CEBOLA

INGREDIENTES
- 3 colheres (sopa) de azeite de oliva extra virgem
- 1 cebola média picada
- cascas e pontas de 1 kg de cenoura
- 2 colheres (sopa) de açúcar mascavo
- 1 colher (chá) de sal
- 1 pedaço de gengibre fresco sem casca ralado
- ½ colher (chá) de cúrcuma
- pimenta-calabresa em flocos para decorar

Em uma panela, aqueça 1 colher (sopa) de azeite e a mesma medida de água. Coloque a cebola picada e deixe murchar. Junte as cascas e as pontas da cenoura, o açúcar mascavo, o sal, o gengibre e o cúrcuma. Cozinhe por 15 minutos e deixe esfriar. Bata tudo no liquidificador ou no processador de alimentos, regando com o restante do azeite, sem parar de bater, até a mistura espumar. Despeje em uma tigela e decore com a pimenta em flocos. Sirva acompanhada de pão tostado.
A tapenade é perfeita como entrada.
Se fizer em grande quantidade, coloque em um vidro esterilizado e fervido por pelo menos 30 minutos, e só depois guarde na geladeira.

TORTINHA DE BAGAÇO DE CENOURA

INGREDIENTES
- 300 g de pão amanhecido
- 1 colher (sopa) de azeite de oliva extra virgem, mais um pouco para untar
- 1 cebola média picada
- bagaço de 2 copos de suco de cenoura
- sal e pimenta-do-reino a gosto
- 6 a 7 grissinis finos
- 2 batatas cozidas
- 2 ovos ligeiramente batidos
- queijo parmesão ralado e noz-moscada a gosto

Em uma tigela, coloque o pão partido grosseiramente com as mãos e um pouco de água. Assim que amolecer, esprema e forre o fundo de forminhas untadas com azeite, formando uma base homogênea. A massa de pão deve ultrapassar a borda da fôrma, para conter a mistura.

Em uma frigideira, aqueça 1 colher (sopa) de azeite em fogo brando e doure a cebola picada. Junte o bagaço de cenoura e cozinhe por cerca de 5 minutos. Tempere com sal e pimenta-do-reino moída na hora. Desligue o fogo e deixe esfriar.

Passe as batatas cozidas pelo espremedor e junte à mistura de cenoura. Acrescente os ovos, o queijo parmesão ralado na hora e a noz-moscada ralada. Misture bem. Distribua o preparado entre as forminhas forradas com pão. Forme a clássica decoração da crostata (tiras de massa cruzadas) com pedaços de grissini (você pode usar até os amolecidos). Asse por 30 minutos em forno preaquecido a 180 °C. Espere amornar, desenforme e sirva a seguir.

ORECCHIETTE, RAMAS DE CENOURA E PEIXE-VERMELHO

INGREDIENTES
- ramas de 1 maço de cenoura
- 1 peixe-vermelho com cerca de 300 g
- 360 g de orecchiette
- 2 colheres (sopa) de azeite de oliva extra virgem, mais um pouco para servir
- páprica picante a gosto
- 2 dentes de alho
- sal a gosto
- ½ xícara (chá) de vinho branco
- raspas de 1 limão-siciliano

A rama de cenoura tem um sabor refrescante e aromático, que combina bem com peixes. Experimente com sardinha, pargo, saint peter ou peixe-vermelho, como proposto nesta receita.

Pique as ramas e reserve. Corte o peixe em filés. Congele a espinha e a cabeça para fazer um caldo ou, se quiser ocupar menos espaço no freezer, congele o caldo já coado e pronto. Corte os filés de peixe em cubos e reserve.

Leve uma panela com bastante água para ferver, salgue e cozinhe o orecchiette ou a massa de sua escolha até ficar al dente. Enquanto isso, aqueça o azeite com a pimenta e os dentes de alho inteiros, apenas amassados com a lateral da faca. Junte a rama picada e salteie. Quando murchar, acrescente os cubos de peixe e deixe dourar um pouco. Tempere com sal e regue com o vinho. Deixe o álcool evaporar em fogo alto. Quando a massa estiver cozida, escorra e transfira para a frigideira. Distribua entre os pratos e finalize com um fio de azeite e as raspas de limão.

CÍTRICOS

Cascas e resíduos de suco

MESES: janeiro a dezembro (laranja); novembro a maio (limão)

PERCENTUAL DE RESÍDUOS COMESTÍVEIS
Cerca de 47% ou mais, se incluído o bagaço de um suco

ECONOMIA: ◉◉◉

VALOR NUTRITIVO
As cascas dos cítricos são ricas em substâncias que protegem o organismo, como os bioflavonoides e as antocianinas. A camada externa (epicarpo) é rica em óleos essenciais; a camada que corresponde à polpa (mesocarpo) é rica em fibras e flavonoides.

COMO COMPRAR
Dê preferência a cítricos orgânicos. Seja com casca lisa ou porosa, verifique se a cor está de acordo com a variedade escolhida e se a fruta está firme. Lave bem as laranjas antes de utilizá-las, pois a casca pode ter mofo e bactérias.

COMO UTILIZAR OS RESÍDUOS
A casca da laranja é amplamente usada na culinária, principalmente em confeitaria, mas comumente desprezamos grande parte desse precioso ingrediente. A casca dos cítricos em geral é ideal para aromatizar preparos crus ou cozidos (desde pratos principais e acompanhamentos até sobremesas ou simples docinhos). Nas receitas a seguir, são utilizados todos os resíduos, inclusive o albedo (parte branca), que normalmente é descartado. Sim, a parte branca da casca tem gosto amargo, mas o amargo junto com o doce, o salgado ou o ácido equilibra qualquer receita. Muitas vezes, um toque amargo torna o prato ainda mais interessante. Aprenda a dosar o albedo: tenho certeza de que você não vai se arrepender.

RISOTO DE CÍTRICOS

INGREDIENTES
- casca de 1 laranja ou de 1 limão-siciliano (reserve algumas raspas para decorar)
- 600 ml de caldo de legumes
- 2 colheres (sopa) de azeite de oliva extra virgem, mais um pouco para finalizar
- 1 cebola branca ou roxa pequena picada
- 360 g de arroz carnaroli ou arbóreo
- 1 xícara (chá) de vinho branco
- sal e pimenta-do-reino a gosto
- 80 g de queijo parmesão ralado

Para esta receita, utilize a casca ou o bagaço de 1 laranja ou de 1 limão-siciliano grande espremidos. Antes de espremer a fruta, retire raspas da casca (sem chegar à parte branca) para decorar o risoto. A seguir, esprema a fruta e reserve o suco. Pique bem miúdo a casca da laranja ou do limão e coloque-a em uma panelinha. Cubra com água fria e deixe levantar fervura. Mantenha aquecido até a hora de usar.
Coloque o caldo de legumes para ferver. Em fogo médio, aqueça o azeite e refogue a cebola até dourar levemente. Acrescente o arroz e refogue por alguns minutos. Adicione o vinho branco e deixe reduzir. Coe o suco da laranja ou do limão e junte ao arroz. Despeje o caldo de legumes, uma concha por vez, mexendo a cada adição. Tempere com sal e pimenta. Ao final, regue com um fio de azeite e salpique o queijo parmesão ralado na hora. Distribua o risoto nos pratos de servir e decore com as raspas de laranja ou limão reservadas.

BOLINHAS DE QUEIJO COM CASCA DE LARANJA

INGREDIENTES
- casca de 1 laranja, mais algumas raspas para decorar
- 200 g de ricota fresca
- sal e pimenta-do-reino a gosto
- cebolinha fresca picada
- 1 colher (sopa) de gergelim preto triturado

Pique a casca da laranja bem miudinho e reserve. Amasse a ricota com um garfo ou passe-a pela peneira para deixá-la mais fina e macia. Junte a casca picada, o sal e a pimenta-do-reino moída na hora. Deixe a mistura resfriar na geladeira por 15 minutos. Forme bolinhas com massa de ricota. Divida as bolinhas em três porções. Passe uma delas pela cebolinha (não precisa envolver completamente, só metade da bolinha); a outra pelo gergelim triturado, e a última pelas raspas de casca de laranja. Mantenha na geladeira até a hora de servir.

BOLO DE CASCA DE LARANJA

INGREDIENTES
- bagaço de 2 laranjas espremidas
- 200 g de açúcar mascavo
- 3 ovos
- 200 g de farinha de trigo
- 1 envelope de fermento em pó químico
- uma pitada de sal
- 200 g de ricota fresca
- manteiga para untar
- açúcar granulado ou de confeiteiro e raspas de cascas de laranja para decorar

PARA DECORAR
- Açucar de confeiteiro
- Raspas da casca de 1 limão

Lave bem as laranjas, retire raspas das cascas e reserve. Quando preparar um suco, conserve o bagaço que ficar no espremedor. Corte grosseiramente as cascas e bata no liquidificador junto com o bagaço e o açúcar mascavo. Transfira para uma tigela e junte os ovos, a farinha, o fermento, o sal e a ricota amassada com um garfo ou passada pela peneira. Misture até obter uma massa homogênea. Unte e enfarinhe uma fôrma para bolo inglês e coloque a massa. Asse em forno preaquecido a 180 °C por 40 minutos. Desenforme o bolo quando estiver morno, coloque em uma travessa de servir e decore com o açúcar e as raspas reservadas.

CAULES

ÉPOCA
OUTONO-VERÃO

FOLHAS

20-68%
DE RESÍDUOS COMESTÍVEIS

FOLHAS
E TALOS

COUVE-FLOR, REPOLHO, BRÓCOLIS & CIA

Talos, caules e folhas

MESES: março a dezembro

PERCENTUAL DE RESÍDUOS COMESTÍVEIS
Couve-flor 68%; repolho 37%; brócolis 51%; romanesco 20%

ECONOMIA: ◉◉◉

VALOR NUTRITIVO
Ricos em vitaminas e sais minerais, o repolho, o brócolis e a couve-flor têm propriedades que protegem o organismo até mesmo contra doenças graves.

COMO COMPRAR
Os buquês da couve-flor e do brócolis devem estar bem compactos, sem manchas e com as folhas ainda presas. O repolho, bem pesado e firme, com folhas viçosas e rijas. Essas hortaliças (inclusive o romanesco) podem ser cultivadas em casa, pois necessitam de pouco espaço para se desenvolver.

COMO UTILIZAR OS RESÍDUOS
As folhas e os talos podem não ser agradáveis ao olhar, mas têm o mesmo sabor, e o valor nutritivo não deixa nada a dever às partes nobres. Os resíduos do brócolis, da couve-flor ou do repolho podem ser utilizados picados ou processados, crus ou levemente cozidos no vapor. O caule pode ser fatiado bem fino como um carpaccio, ou cortado em fios como espaguete, com um utensílio apropriado.
Se os talos não estiverem muito frescos, retire a parte externa, que é muito fibrosa, com um descascador de legumes ou uma faquinha de aço inoxidável (para não oxidar a hortaliça) afiada.

COPINHOS DE MUSSE DE BRÓCOLIS, MOZARELA DE BÚFALA E FAROFA DE AMÊNDOAS

INGREDIENTES
- 300 g de talos e folhas de brócolis
- sal a gosto
- um punhado de amêndoas inteiras sem casca, mais algumas lascas para decorar
- 1 a 2 fatias de pão amanhecido
- azeite de oliva extra virgem o quanto baste
- sal e páprica picante a gosto
- cerca de 150 g de mozarela de búfala

Corte os talos e as folhas de brócolis e cozinhe no vapor por cerca de 5 minutos (se possível, aproveite o vapor de uma panela que esteja no fogão). Bata os talos e as folhas no liquidificador até obter uma mistura homogênea. Regue com um fio de azeite e bata mais um pouco. Tempere com sal e reserve.

Triture as amêndoas num pilão ou passe no processador. Junte o pão e continue triturando até obter uma farofa grossa. Em uma frigideira, aqueça um pouco de azeite e toste a farofa. Tempere com sal e páprica a gosto.

Corte a mozarela em cubinhos ou desmanche com as mãos. Distribua a musse de brócolis entre quatro copos e coloque a mozarela por cima. Finalize com a farofa e decore com as lascas de amêndoas.

ROLINHOS PRIMAVERA DE FOLHAS E TALOS

INGREDIENTES
- 2 xícaras (chá) de farinha de trigo
- 1 colher (chá) de sal
- 250 g de folhas e talos de couve-flor, brócolis ou repolho
- resíduos de 1 cenoura
- a parte verde de 1 cebolinha picada, mais um pouco para decorar
- 4 colheres (sopa) de azeite de oliva extra virgem
- 1 pimenta dedo-de-moça sem sementes picada
- 1 colher (sopa) de açúcar mascavo
- 1 colher (sopa) de shoyu
- 1 colher (sopa) de vinagre de arroz
- manteiga para untar

Em uma tigela, coloque a farinha e o sal. Aos poucos, adicione água filtrada, mais ou menos 1 xícara (chá). Misture até obter uma massa lisa e homogênea (às vezes é preciso acrescentar mais água). Deixe a massa descansar na geladeira por, pelo menos, 30 minutos. Enquanto isso, prepare o recheio dos rolinhos.
Pique grosseiramente a couve-flor, os brócolis ou o repolho e a cenoura em pedaços pequenos e reserve. Corte a cebolinha em fatias bem finas. Em uma frigideira, aqueça metade do azeite com a pimenta, o açúcar e a cebolinha, e refogue em fogo brando por alguns minutos. Junte as hortaliças e salteie. Adicione o shoyu e o vinagre de arroz, mexendo mais um pouco, e desligue o fogo.

Aqueça uma frigideira antiaderente. Quando o fundo estiver bem quente, despeje uma concha da massa, formando discos. Doure de um lado e depois vire para dourar do outro. Repita o procedimento até acabar a massa (deve render oito unidades). Forme uma faixa de recheio, espalhando na parte inferior de cada disco uma colherada do refogado de vegetais. Dobre as laterais sobre o recheio e enrole.
Preaqueça o forno a 180 °C. Arrume os rolinhos em uma assadeira untada e pincele o restante do azeite misturado com 2 colheres (sopa) de água filtrada. Leve ao forno por 15 minutos ou até dourar de todos os lados (lembre-se de virar os rolinhos na metade do tempo). Sirva com molho picante ou agridoce, ou shoyu.

CREME DE COUVE-FLOR COM CEBOLAS CARAMELIZADAS

INGREDIENTES
- 2 cebolas roxas
- 4 colheres (sopa) de azeite de oliva extra virgem
- 2 colheres (sopa) de vinagre balsâmico
- 1 colher (sopa) de açúcar mascavo
- sal e pimenta-do-reino a gosto
- 1 litro de caldo de legumes
- folhas e caules de 1 couve-flor
- 1 batata

Descasque as cebolas, reservando a camada mais externa para adicionar ao caldo e dar mais sabor e cor. Retire outras duas camadas da cebola, pique e reserve. Corte a parte restante em quartos e coloque numa tigela. Junte 3 colheres (sopa) de azeite, o vinagre balsâmico e o açúcar. Tempere com sal e pimenta-do-reino moída na hora. Deixe marinar por, pelo menos, 30 minutos (o ideal são 2 horas).
Enquanto isso, ferva o caldo de legumes com a casca de cebola reservada e mantenha-o aquecido. Corte grosseiramente a couve-flor e a batata. Em uma panela de pressão, aqueça o restante do azeite e doure a cebola picada reservada em fogo médio. Coloque os vegetais picados e salteie. Coe o caldo e transfira para a panela de pressão. Tampe e deixe cozinhar por 15 minutos, contados a partir do momento em que a panela começar a chiar, e desligue. Abra a panela apenas quando sair todo o vapor. Com um mixer, bata os vegetais diretamente na panela, até obter um creme aveludado. Deixe engrossar em fogo brando. Coloque a cebola marinada em uma panelinha e deixe engrossar até formar uma calda caramelizada. Distribua o creme de couve-flor entre os pratos e arrume as cebolas caramelizadas por cima. Em vez de couve-flor, você pode usar resíduos de repolho ou de brócolis ou, ainda, talos de aspargos ou outra hortaliça da estação, e folhas externas de alcachofra.

RIGATONI GRATINADOS AO CREME VERDE

INGREDIENTES
- 200 g de resíduos de couve, brócolis e repolho
- a parte verde de 1 alho-poró
- 4 colheres (sopa) de manteiga
- sal e pimenta-do-reino a gosto
- ⅓ de xícara (chá) de farinha de trigo
- 400 ml de leite em temperatura ambiente
- 360 g de rigatoni
- ½ xícara (chá) de queijo parmesão ralado

Pique grosseiramente a couve, os brócolis e o repolho. Encha uma panela de água, salgue e escalde as verduras por alguns minutos. Retire as verduras com uma escumadeira e reserve a água para preparar o macarrão.
Corte o alho-poró em fatias finas. Em uma frigideira, derreta um terço da manteiga e refogue o alho-poró em fogo brando. Junte a verdura escaldada e salteie. Bata tudo no liquidificador ou no processador, acerte o sal e coloque pimenta-do-reino moída na hora.
Prepare o molho bechamel: em uma panelinha, derreta a manteiga restante, acrescente a farinha, misture e doure. Despeje o leite aos poucos, mexendo sempre com um batedor manual, e cozinhe cerca de 10 minutos. Você também pode preparar o molho bechamel causando menos impacto ao meio ambiente: use creme vegetal e uma bebida à base de arroz ou de soja. Junte o creme verde ao molho bechamel e misture bem.
Cozinhe o rigatoni al dente. Coloque o creme em um saco de confeitar e recheie cada rigatone. Arrume a massa recheada em uma fôrma refratária quadrada ou retangular, enfileirando na largura. Polvilhe o queijo parmesão ralado na hora de levar ao forno preaquecido a 180 °C, para gratinar.

60%
DE RESÍDUOS
COMESTÍVEIS

FOLHAS EXTERNAS

RAMAGEM

ÉPOCA
PRIMAVERA E VERÃO

ERVA-DOCE

Folhas externas e ramas

MESES: agosto a dezembro

PERCENTUAL DE RESÍDUOS COMESTÍVEIS
Cerca de 60%

ECONOMIA: ◉◉◉

VALOR NUTRITIVO
A erva-doce, rica em sais minerais e substâncias aromáticas, tem propriedades digestivas e diuréticas.

COMO COMPRAR
Escolha ervas-doces com ramagem longa verde vivo. Os bulbos devem ser brancos, bem formados e sem saliências.

COMO UTILIZAR OS RESÍDUOS
Ao limpar a erva-doce, costuma-se descartar a ramagem, as folhas externas e os caules. É verdade que essas partes não se prestam para saladas, vinagretes ou outros receitas, mas podem entrar em muitas preparações, realçando seu sabor. Se as folhas externas estiverem frescas, elas podem ser usadas inteiras, como na receita de torta de erva-doce e gorgonzola (p. 105). Se você quer evitar o excesso de fibras, corte as folhas em tiras finas, seguindo a direção das estrias; a seguir, sugiro cozinhá-las no vapor, para preservar o sabor e o valor nutritivo.

RISOTO COM AZEITE E ERVA-DOCE

INGREDIENTES
- as folhas externas e a ramagem de 2 ervas-doces
- a parte verde de 1 alho-poró
- 1,5 litro de caldo de legumes
- 320 g de arroz carnaroli ou arbóreo
- 2 colheres (sopa) de azeite de oliva extra virgem, mais um pouco para finalizar
- sal e pimenta-do-reino a gosto
- 1 xícara (chá) de vinho branco
- queijo parmesão ralado para polvilhar

Separe as ramas da erva-doce e utilize os bulbos como preferir. Pique a ramagem e reserve um pouco para decorar. Corte a parte verde do alho-poró em fatias finas. Leve o caldo de legumes ao fogo baixo e mantenha-o aquecido.
Em uma panela grande, refogue o arroz com o azeite. Adicione o alho-poró e refogue mais um pouco. Junte as ramas de erva-doce picada e tempere com sal e pimenta-do-reino moída na hora. Regue com o vinho e deixe evaporar em fogo alto. Abaixe o fogo e adicione o caldo aos poucos, misturando delicadamente a cada adição, para não quebrar os grãos. Desse modo, o arroz solta mais amido e não será necessário adicionar gordura para deixá-lo cremoso.
Quando o arroz estiver al dente, retire do fogo e distribua entre os pratos. Sirva regado com um fio de azeite e decorado com ramas de erva-doce reservadas. Se quiser, polvilhe queijo parmesão ralado na hora.

TERRINA DE ERVA-DOCE COM CRUMBLE DE PÃO, AVELÃS E QUEIJO

INGREDIENTES
- as folhas externas, os caules e as ramas de 4 ervas-doces
- 4 colheres (sopa) de azeite de oliva extra virgem
- 1 cebola pequena picada
- sal e pimenta-do-reino a gosto
- ½ xícara (chá) de vinho branco
- 2 fatias de pão amanhecido (de 1 a 2 dias)
- um punhado de avelãs sem casca
- 100 g de queijo parmesão ralado
- 50 g de manteiga, mais um pouco para untar

Corte os caules e as folhas externas de erva-doce em fatias largas, perpendiculares às estrias das folhas. Pique grosseiramente a ramagem.
Em uma frigideira, aqueça a metade do azeite e refogue a cebola picada até murchar. Adicione a erva-doce fatiada e as ramas picadas. Tempere com sal e pimenta-do-reino moída na hora e salteie. Regue com o vinho branco e espere o álcool evaporar. Desligue o fogo e reserve.
Para preparar o crumble, bata no processador o pão, as avelãs e o queijo parmesão ralado na hora. Passe a mistura obtida para uma tigela e incorpore a manteiga com as mãos até formar uma farofa.
Preaqueça o forno a 180 ºC. Unte quatro terrinas individuais ou ramequins. Distribua a erva-doce salteada entre as terrinas e espalhe o crumble por cima. Asse por 25 minutos.
Se preferir, use o micro-ondas com a função grill (dependendo do forno, bastam 4 minutos na potência alta e mais 5 minutos na função grill). Sirva quente.

TORTA DE ERVA-DOCE E GORGONZOLA

INGREDIENTES
Para a massa:
- 100 g de manteiga em temperatura ambiente
- 200 g de farinha de trigo
- uma pitada de sal

Para o recheio:
- as folhas externas de 350 g de erva-doce
- a parte verde de 1 alho-poró
- 50 g de manteiga
- sal e pimenta-do-reino a gosto
- 100 g de açúcar
- 60 g de queijo gorgonzola

Prepare a massa: misture a manteiga, a farinha, o sal e água filtrada (cerca de meia xícara) até obter uma massa homogênea. Faça uma bola de massa, envolva em filme de PVC e deixe descansar na geladeira por cerca de meia hora.
Reserve de 7 a 8 folhas de erva-doce, as mais bonitas. Corte as restantes e o alho-poró em fatias finas. Escolha uma fôrma refratária que possa ser usada tanto no forno como na chama do fogão. Nessa fôrma, derreta a metade da manteiga e refogue o alho-poró. Adicione toda a erva-doce (folhas inteiras e picadas). Tempere com sal e pimenta-do-reino moída na hora. Refogue mais um pouco e reserve em uma tigela. Na mesma fôrma, coloque o açúcar e água filtrada suficiente. Deixe cozinhar em fogo médio até alcançar o ponto de caramelo. Desligue o fogo e retire a fôrma do fogão. Coloque a manteiga restante e espere derreter. Disponha as folhas externas da erva-doce inteiras sobre o caramelo, com a parte de fora das folhas viradas para o fundo da fôrma. Espalhe o restante do refogado misturado com pedaços de queijo gorgonzola.
Abra a massa com o rolo até ficar bem fina. Coloque sobre a mistura de erva-doce e queijo e dobre as bordas para o lado de dentro da fôrma. Leve ao forno a 180º C por 30 minutos ou até que a massa esteja levemente dourada. Quando a torta esfriar, vire sobre uma travessa para servir. Sirva como entrada.

68%
DE RESÍDUOS COMESTÍVEIS

VAGENS

ÉPOCA
OUTONO E INVERNO

LEGUMINOSAS

Vagens de ervilhas e feijão

MESES: maio a outubro

PERCENTUAL DE RESÍDUOS COMESTÍVEIS
Cerca de 68%

ECONOMIA: ⊙⊙⊙

VALOR NUTRITIVO
As favas verdes são ricas em fibras e vitaminas do complexo B, celulose, pectina e flavonoides; os três últimos retardam a absorção dos açúcares. São, portanto, uma arma muito eficaz em alguns casos específicos, em particular para quem tem uma alimentação rica em carboidratos, para diabéticos ou para quem sofre de compulsão alimentar à noite. Graças à sua ação diurética e ao fato de retardarem a absorção dos carboidratos, as vagens são particularmente indicadas para quem quer controlar o peso.

COMO COMPRAR
Escolha as vagens menores, sem machucados e manchas escuras ou amareladas.

COMO UTILIZAR OS RESÍDUOS
As vagens das favas são muito gostosas e é um verdadeiro desperdício jogá-las fora. As vagens de ervilhas, por exemplo, podem ser consumidas em fatias se forem bem frescas; se não, devem ser trituradas no passa-legumes ou no processador. Uma vez abertas, devem ser consumidas logo, pois oxidam rapidamente. As favas devem ser bem cozidas por horas.

CONCHINHAS COM VAGENS E ANCHOVAS

INGREDIENTES
- 300 g de vagens de ervilha ou feijão
- 6 filés de anchova em conserva no azeite
- 1 colher (sopa) de azeite de oliva extra virgem, mais um pouco para finalizar
- 1 dente de alho cortado em lâminas
- 2 fatias de pão amanhecido esmigalhado
- 400 g de massa tipo conchinha
- sal e pimenta-do-reino a gosto

Abra as vagens, retire as ervilhas ou os feijões e use em outro prato. Leve uma panela grande com água ao fogo, salgue e deixe ferver. Abaixe o fogo e cozinhe as vagens nessa água por 10 minutos. Retire-as com uma escumadeira e coloque a água para ferver novamente. Cozinhe o macarrão até ficar al dente.
Corte as vagens em fatias finas, descartando apenas as pontas. Desfaça os filés de anchova com um garfo e reserve. Numa frigideira grande, aqueça o azeite e refogue rapidamente o alho. Junte a anchova e misture. Adicione o pão e doure. Acrescente a vagem fatiada e salteie por mais alguns minutos. Acerte o sal.
Quando o macarrão estiver al dente, escorra, coloque na frigideira com o salteado e misture bem. Distribua o macarrão entre os pratos. Finalize com um fio de azeite e um pouco de pimenta-do-reino moída na hora.

CROQUETES DE VAGENS COM GERGELIM

INGREDIENTES
- 300 g de vagens de ervilhas
- a parte verde de 1 cebolinha picada grosseiramente
- 2 colheres (sopa) de azeite de oliva extra virgem
- sal e pimenta-do-reino a gosto
- 100 g de ricota fresca
- 1 batata cozida
- ½ xícara (chá) de queijo parmesão ralado
- 2 ovos ligeiramente batidos
- 100 g de farinha de rosca
- uma pitada de noz-moscada em pó ou ralada na hora
- 3 colheres (sopa) de gergelim branco
- manteiga para untar

Separe as ervilhas das vagens e reserve-as para outro preparo. Cozinhe as vagens por 15 minutos no vapor.
Em uma panela, aqueça metade do azeite e refogue a cebolinha. Acrescente as vagens, tempere com sal e pimenta-do-reino moída na hora e salteie. Triture a mistura no passa-legumes, ou no processador, até obter um creme homogêneo. Junte a ricota, a batata, o queijo, os ovos, a farinha de rosca e a noz-moscada. Acerte o sal e a pimenta. Depois de misturar bem todos os ingredientes, deixe a massa descansar na geladeira por pelo menos 15 minutos.
Preaqueça o forno a 180 °C. Pegue uma colherada da massa, modele o croquete com as mãos e passe no gergelim. Arrume os croquetes em uma assadeira untada com manteiga e leve para assar por 20 minutos. Sirva mornos como entrada ou petisco.

SALADA PRIMAVERA DE VAGENS

INGREDIENTES
- 1 kg de vagens de ervilhas ou feijão
- 1 cebolinha fresca
- 2 colheres (sopa) de gergelim
- 2 colheres (sopa) de sementes de girassol
- 2 colheres (sopa) de azeite de oliva extra virgem
- 1 colher (sopa) de shoyu
- pimenta-do-reino a gosto

Cozinhe as vagens em água fervente por cerca de 10 minutos. Elimine as pontas e os fios. Corte as vagens em pedaços grandes e a cebolinha em fatias finas. Em uma panela tipo wok, toste o gergelim e as sementes de girassol, até começarem a soltar o aroma. Retire da panela e reserve. Ainda na wok, aqueça o azeite e salteie as vagens e a cebolinha. Junte as sementes tostadas e o shouy. Tempere com pimenta-do-reino. Salteie por alguns minutos, retire do fogo e sirva a salada morna.
Se quiser enriquecer o prato, adicione verduras frescas, pétalas de flores comestíveis, brotos ou queijo de cabra, que combinam perfeitamente com vagens.

MAÇÃ E PERA

Cascas e miolo

MESES: março a dezembro

PERCENTUAL DE RESÍDUOS COMESTÍVEIS
Cerca de 41%

ECONOMIA: ◉◉◉

VALOR NUTRITIVO
A maçã tem uma boa quantidade de vitaminas A, B e C e sais minerais. O valor nutritivo da pera depende do grau de maturação: quando passada perde muito de seus nutrientes. Aconselha-se consumir ambas as frutas com casca, pois os sais minerais e as vitaminas estão próximos à casca.

COMO COMPRAR
Seja qual for a variedade, maçãs e peras devem apresentar casca firme, sem cortes, manchas ou machucados. Dê preferência às frutas orgânicas.

COMO UTILIZAR OS RESÍDUOS
Se tiver miolos e cascas suficientes, é possível fazer uma compota ou juntar essas sobras com outras frutas para fazer um suco. As cascas podem ser caramelizadas e entrar no preparo de biscoitos e sobremesas. Se você não vai utilizar as cascas e miolos na hora, mantenha tudo em água fria com suco de limão. Para conservar por mais tempo, sugiro desidratar ou congelar. Ao utilizar cascas e miolos de maçãs e peras, lembre que o aproveitamento pode ser maior se triturar no processador ou passar na centrífuga: além do suco, consegue-se uma boa quantidade de bagaço para utilizar de diversas formas.

CUPCAKES DE CASCA DE MAÇÃ

INGREDIENTES
- cascas de 4 maçãs
- 1 xícara (chá) de açúcar mascavo
- 1 xícara (chá) de farinha de trigo
- 1 colher (chá) de fermento em pó
- ⅓ de xícara (chá) de leite
- 2 colheres (sopa) de manteiga, mais um pouco para untar
- 1 ovo ligeiramente batido
- açúcar de confeiteiro para decorar

Reserve algumas cascas para decorar e corte o restante à juliana (em tiras finas). Em uma panela, coloque um pouco de água, um terço do açúcar e as cascas e leve ao fogo para caramelizar.
Enquanto isso, em uma tigela, junte os demais ingredientes. Vá adicionando o leite aos poucos, misturando sempre, até obter uma mistura cremosa. Quando as cascas começarem a caramelizar, desligue o fogo. Retire as cascas que serão usadas para decorar e deixe secar.
Preaqueça o forno a 180 °C. Unte as fôrmas de cupcake e despeje um pouco da massa em cada uma (o equivalente a três quartos da forminha). Arrume por cima as cascas caramelizadas. Asse por 15 minutos. Decore com açúcar de confeiteiro peneirado e as cascas caramelizadas reservadas.

BISCOITÕES COM CASCA DE MAÇÃ

INGREDIENTES
- cascas de 4 maçãs
- 150 g de açúcar
- 1 ovo ligeiramente batido
- 120 g de farinha de trigo
- 100 g de manteiga
- raspas e suco de 1 limão-siciliano
- ½ envelope de fermento em pó químico
- uma pitada de sal

Corte as cascas das maçãs à juliana (tiras finas) e coloque em uma panelinha com um terço do açúcar e uma colher (chá) de água filtrada. Deixe cozinhar, prestando atenção, até as cascas começarem a caramelizar (cerca de 4 minutos). Assim que o açúcar começar a dourar, desligue o fogo e reserve. Para preparar a calda no micro-ondas: use a mesma quantidade de ingredientes e cozinhe de 3 a 5 minutos em potência máxima, mas lembre-se de ficar de olho para a calda não passar do ponto.
Em uma tigela, misture o açúcar restante, o ovo, a farinha, a manteiga, o suco e as raspas de limão. Complete com o fermento e o sal. Misture delicadamente até obter uma massa homogênea. Preaqueça o forno a 180 °C. Forre o fundo de uma assadeira de bordas baixas com papel-manteiga. Com a ajuda de uma colher de sorvete, coloque colheradas de massa sobre o papel-manteiga, formando montinhos. Deixe uma boa distância entre um e outro. Sobre cada montinho, coloque uma colher (chá) de cascas caramelizadas. Asse por 15 minutos. Esses deliciosos biscoitos são ideais para um café da manhã especial ou o lanche da tarde.

FRAPÊ DE CASCAS

INGREDIENTES
- cascas de 2 maçãs
- cascas de 2 peras
- cascas de 2 cenouras
- 3 xícaras (chá) de leite sem lactose (ou uma bebida à base de arroz ou soja)
- 3 colheres (sopa) de açúcar mascavo
- 8 cubos de gelo
- hortelã para decorar

Lave bem as frutas e as cenouras antes de descascá-las com uma faca ou descascador de legumes. Conserve as cascas em água fria até a hora de usar, para evitar que escureçam. Se quiser, use também o miolo das maçãs e das peras, mas sem as sementes.
No liquidificador, bata as cascas, o leite, o açúcar e o gelo até triturar bem. Distribua entre quatro copos altos e decore com folhas de hortelã. Sirva gelado.

SORBET DE MAÇÃ VERDE

INGREDIENTES
- 500 g de casca e miolo de maçã verde (cerca de 5 ou 6 maçãs)
- 250 ml de água filtrada
- 200 g de açúcar
- 1 limão-siciliano inteiro, mais um pouco de suco para conservar as cascas
- 1 clara
- 4 colheres (chá) de mel

Nesta receita serão descartados apenas o cabinho e as sementes das maçãs. Em uma tigela grande, coloque água e algumas gotas de limão. À medida que for retirando os cabinhos e as sementes das maçãs, mergulhe as frutas na água com limão.

Em uma panela, coloque a água e o açúcar. Leve ao fogo, prepare uma calda e deixe esfriar. Corte o limão em quartos e bata com as cascas e os miolos de maçã no liquidificador. Junte a calda de açúcar aos poucos e transfira para uma tigela. Bata a clara em neve e misture delicadamente à massa. Leve ao freezer.

Durante a primeira hora, retire a massa do freezer e misture energicamente; faça isso de 3 a 4 vezes. Aguarde pelo menos 3 horas antes de consumir o sorbet. Na hora de servir, retire do freezer, deixe em temperatura ambiente pelo menos por 15 minutos e, a seguir, bata com o batedor manual para aerar. Se o sorbet estiver muito duro, corte em pedaços e bata aos poucos. Monte o sorbet em quatro taças e decore cada uma com 1 colher (chá) de mel. O mel vai intensificar o sabor e criar um contraste inigualável entre sua doçura e o azedinho do sorbet.

QUEIJO

Casca

Com a casca do parmesão e outros queijos similares, é possível criar verdadeiras mágicas de perfume e sabor. Basta cozinhar um punhado de cascas em um pouco de caldo de legumes ou de carne, para que elas desprendam um perfume inigualável. Para o paladar, então, são um verdadeiro triunfo de sabor, muitas vezes, um mergulho nas lembranças da infância. As cascas são tão boas quanto o próprio queijo, e uma receita simples é capaz de transformá-las em pratos dignos de rei. Antes de utilizá-las, lave e raspe a superfície externa do queijo, para eliminar eventuais resíduos de mofo ou fungos.

CROSTAS DE PARMESÃO E FEIJÃO

INGREDIENTES
- 200 g de crostas de queijo parmesão
- 600 ml de caldo de legumes
- 1 cebola pequena
- 1 dente de alho
- 1 cenoura
- 100 g de folhas (ou pontas) de salsão
- alecrim fresco a gosto
- 2 colheres (sopa) de azeite de oliva extra virgem
- 400 g de feijão cozido à sua escolha
- sal e pimenta-do-reino a gosto

Esta receita é uma homenagem ao chef Massimo Bottura e a seu famoso prato "Compressione di pasta e fagioli". Eu me inspirei nele para utilizar crostas de queijo em vez de massa.

Raspe, lave e seque bem a superfície das crostas. Coloque na panela de pressão, cubra com o caldo de legumes e cozinhe por 10 minutos, contados a partir do momento em que a panela começar a chiar. Espere a panela liberar todo o vapor, retire as crostas com uma escumadeira e reserve o caldo. Corte as crostas em pedaços irregulares com cerca de 2 cm. Reserve algumas para decorar.

Pique a cebola, o alho, a cenoura, o salsão e o alecrim. Na panela de pressão, aqueça o azeite e refogue as hortaliças picadas em fogo brando. Depois de alguns minutos, acrescente o feijão e misture. Por último, coloque as crostas e o caldo. Tampe a panela de pressão e deixe cozinhar por mais 15 minutos, contados a partir do momento em que a panela começar a chiar. Tire a panela do fogo e, depois que ela liberar todo o vapor, retire a tampa. Triture tudo no passa-legumes. Tempere com sal e pimenta. Distribua o creme de feijão entre as cumbucas. Complete com um fio de azeite e decore com as crostas reservadas.

COCOTTE DE ALHO-PORÓ COM CROSTAS DE GRANA PADANO

INGREDIENTES
- a parte verde de 4 alhos-porós
- 2 colheres (sopa) de azeite de oliva extra virgem
- 200 g de crostas de queijo grana padano
- 700 ml de caldo de legumes
- 4 colheres (sopa) de queijo grana padano ralado
- sal e pimenta-do-reino a gosto

Corte o alho-poró em fatias finas. Coloque na panela de pressão com azeite e refogue. Enquanto isso, com uma faquinha ou um ralador, raspe a superfície das crostas do queijo, lave e adicione ao alho-poró que está na panela. Cubra com o caldo, tampe a panela e cozinhe por 20 minutos, contados a partir do momento em que a panela começar a chiar. Retire a panela do fogo e só abra quando ela tiver liberado todo o vapor.
Preaqueça o forno a 200 ºC. Distribua a mistura entre os ramequins. Polvilhe o queijo ralado na hora e leve para gratinar por 10 minutos. Antes de levar à mesa, tempere com sal e pimenta-do-reino moída na hora. Sirva com pão tostado.

ESPETINHOS DE CROSTAS DE QUEIJO E UVA

INGREDIENTES
- 200 g de crostas de queijo
- azeite de oliva extra virgem para grelhar
- 200 g de uvas verde e rubi
- 100 g de açúcar
- espetinhos de madeira

Raspe e lave a parte externa das crostas de queijo. Cubra com água e deixe descansar por uma noite. No dia seguinte, coe, seque e corte as crostas em cubos com cerca de 2 cm de lado.
Preaqueça uma chapa untada com um fio de azeite. Quando estiver bem quente, grelhe as crostas de ambos os lados e reserve.
Monte os espetinhos do tamanho desejado, seguindo esta ordem: uma uva verde, uma crosta grelhada e uma uva rubi.
Prepare o caramelo: em uma panelinha, dissolva o açúcar em 1 colher (sopa) de água filtrada. Deixe cozinhar até formar um caramelo em ponto de fio, tomando cuidado para não passar do ponto e queimar. Desligue o fogo e afaste rapidamente a panelinha da boca do fogão. Com uma colher, decore os espetos com fios de caramelo. Sirva imediatamente.

RABANETE

Folhas

MESES: maio a dezembro

PERCENTUAL DE RESÍDUOS COMESTÍVEIS
Cerca de 26%

ECONOMIA: ◉◉○

VALOR NUTRITIVO
Tanto os rabanetes como as folhas têm propriedades depurativas e diuréticas. As folhas são excelente fonte de cálcio, ferro e vitaminas A e C.

COMO COMPRAR
Escolha rabanetes pequenos, firmes, sem mancha ou machucados. As folhas devem estar verdes e viçosas.

COMO UTILIZAR OS RESÍDUOS
Do rabanete se aproveita tudo, inclusive as folhas, que emprestam a caldos e sopas um ótimo sabor. Geralmente é consumido cru, em saladas ou antepastos, e em forma de picles. Mas o rabanete pode ser cozido e é ideal para acompanhar carnes. As folhas cozidas podem substituir o espinafre.

FALAFEL DE FOLHAS DE RABANETE E GRÃO-DE-BICO COM MOLHO DE IOGURTE

INGREDIENTES
- 1 dente de alho
- a parte verde de 2 cebolinhas ou de 1 alho-poró
- 2 colheres (sopa) de azeite de oliva extra virgem, mais um pouco para regar
- as folhas de 1 maço de rabanete
- 240 g de grão-de-bico cozido
- uma pitada de cominho
- 1 colher (chá) de coentro fresco picado
- sal e pimenta-do-reino a gosto
- 100 g de farinha de trigo
- manteiga para untar
- pão pita para acompanhar

Para o molho de iogurte:
- 200 g de iogurte
- 1 dente de alho picado
- cebolinha picada a gosto
- azeite de oliva extra virgem para regar
- sal e pimenta-do-reino a gosto

Pique o alho e a cebolinha (ou o alho-poró). Em uma frigideira, aqueça o azeite em fogo brando e frite o alho e a cebolinha. Junte as folhas de rabanete e salteie por alguns minutos. Acrescente o grão-de-bico, o cominho e o coentro e tempere com sal e pimenta-do-reino moída na hora. Deixe cozinhar por alguns minutos. Desligue o fogo e espere esfriar.
Triture essa mistura no passa-legumes ou no liquidificador e transfira para uma tigela. Acrescente a farinha e deixe descansar por 30 minutos na geladeira.
Preaqueça o forno a 180 °C. Forme bolinhas usando 2 colheres (chá) da massa e disponha-as em uma assadeira untada. Regue com um fio de azeite e asse por 30 minutos.
Prepare o molho: em uma tigela coloque o iogurte, o alho e a cebolinha e tempere com sal e pimenta-do-reino moída na hora. Regue com um fio de azeite e misture bem. Retire os falafels do forno e sirva com molho de iogurte e pão pita.

SALADA DE BATATA COM PESTO DE FOLHAS DE RABANETE

INGREDIENTES
- cerca de 600 g de batata
- as folhas de 1 maço de rabanete
- 1 dente de alho cortado em lâminas finas
- azeite de oliva extra virgem a gosto
- sal e pimenta-do-reino a gosto

Na véspera, cozinhe as batatas com a casca. O ideal é cozinhá-las em um cesto próprio para cozimento a vapor, colocado dentro da panela de pressão; dessa forma, você combina os benefícios do cozimento a vapor com as vantagens da panela de pressão e economiza recursos.

Um pouco antes de servir, descasque as batatas e corte em cubinhos. Lave as folhas de rabanete e seque. Pique algumas e reserve para decorar.

Em um pilão, coloque as folhas de rabanete, o alho e o azeite. Tempere com sal e pimenta-do-reino moída na hora. Soque até obter uma mistura pastosa. Tempere as batatas com esse pesto, mexendo delicadamente para envolver todos os cubinhos.

Você pode servir a salada em porções individuais (basta moldá-las com a ajuda de um aro ou de uma tigelinha). Decore com folhas de rabanete reservadas.

CREME DE BATATA COM FOLHAS DE RABANETE

INGREDIENTES
- as folhas de 1 maço de rabanete
- 1 batata
- a parte verde de 2 cebolinhas
- 2 colheres (sopa) de azeite de oliva extra virgem, mais um pouco para regar
- caldo de legumes o quanto baste
- sal e pimenta-do-reino a gosto
- 125 g de iogurte
- brotos de feijão para servir

Pique grosseiramente as folhas de rabanete, a batata com casca e a cebolinha. Na panela de pressão, aqueça o azeite em fogo baixo e refogue a cebolinha. Junte as folhas de rabanete e a batata e misture. Acrescente o caldo, tampe a panela e deixe cozinhar por 15 minutos, contados a partir do momento em que a panela começar a chiar. Espere a panela liberar todo o vapor, antes de abrir. Na panela mesmo, bata a mistura com o mixer até virar um creme. Tempere com sal e pimenta-do-reino moída na hora. Deixe reduzir por mais alguns minutos no fogo, sem a tampa, e desligue.
Distribua o creme entre as cumbucas. Adicione 1 colher (sopa) de iogurte em cada uma, formando um desenho. Finalize com um fio de azeite e pimenta-do-reino moída na hora. Decore o creme com brotos de feijão ou, se quiser, com cascas de rabanete ou pele de tomate.

SALSÃO

Folhas, pontas e partes fibrosas

MESES: dezembro a março

PERCENTUAL DE RESÍDUOS COMESTÍVEIS
Cerca de 38%

ECONOMIA: ◉◉○

VALOR NUTRITIVO
O salsão tem propriedades depurativas e remineralizantes que agem sobre todo o organismo; ao mesmo tempo, tem função calmante e antidepressiva sobre o sistema nervoso.

COMO COMPRAR
Adquira o salsão inteiro, com as folhas bem abertas, verdes, brilhantes e sem manchas amareladas.

COMO UTILIZAR OS RESÍDUOS
Do salsão se aproveita tudo! Ele pode ser consumido cru ou cozido. As folhas podem ser usadas inteiras ou trituradas; os talos, que são fibrosos, cortados em pedaços pequenos ou fatias finas, crus ou cozidos. Conservando uma pequena quantidade de folhas, é possível tê-las à disposição o ano todo. É só lavar, secar, picar e congelar. Se preferir, desidrate e conserve em vidros bem fechados na despensa.

BOLINHOS DE SALSÃO E GORGONZOLA

INGREDIENTES
- folhas e pontas de 1 salsão
- 100 g de queijo gorgonzola
- um punhado de avelãs
- sal e pimenta-do-reino a gosto

Reserve algumas folhas grandes de salsão para decorar e mantenha-as na geladeira até a hora de montar o prato.
Rale o restante ou triture no processador e deixe escorrer sobre um pano limpo. Esprema sobre um recipiente para retirar o suco, que pode ser usado para fazer o coquetel de salsão (ver receita ao lado).
Em uma tigela, coloque a polpa espremida, junte o queijo gorgonzola esmigalhado e misture até conseguir uma pasta homogênea. Deixe na geladeira por 15 minutos. Toste e moa as avelãs para obter uma farinha grossa. Forme bolinhos com a massa. Passe um a um na farinha de avelãs. Arrume as folhas de salsão reservadas sobre uma travessa e coloque um bolinho sobre cada folha.

COQUETEL DE SALSÃO

INGREDIENTES
- casca e suco de 1 limão-siciliano
- 100 g de folhas e pontas de salsão
- 700 ml de água filtrada
- 1 pedaço de gengibre fresco sem casca
- 80 g de açúcar
- 70 ml de rum (opcional)

Esprema o limão e reserve o suco e a casca. No processador, coloque a casca do limão espremido inteira (inclusive a parte branca) e triture. Junte as folhas e as pontas do salsão picadas grosseiramente, o suco do limão, a água, o gengibre e o açúcar e triture. Coe esse líquido em uma jarra, acrescente o rum e cubos de gelo e mantenha na geladeira até a hora de servir.
Com ou sem álcool, o resultado é um coquetel muito refrescante. Guarde os resíduos que sobrarem para preparar um sorbet de salsão (ver p. 135).

SORBET DE SALSÃO

INGREDIENTES
- 300 ml de água filtrada
- 180 g de açúcar mascavo
- 100 g de folhas de salsão
- casca de 1 limão-siciliano espremido
- 1 clara

Em uma panela, coloque 300 ml de água filtrada e o açúcar. Ferva por cerca de 5 minutos. Retire do fogo e deixe esfriar. Bata no liquidificador as folhas do salsão e pique bem a casca do limão. Se você tiver preparado o coquetel de salsão (ver p. 132), terá ainda menos trabalho, porque pode usar o bagaço que sobrou na peneira. Junte à calda o salsão e as cascas do limão (ou o bagaço). Bata a clara em neve e incorpore à mistura. Despeje em um recipiente e leve ao freezer.
Depois de 1 hora, bata a mistura novamente. Repita esse procedimento de 2 a 3 vezes, com intervalos de 1 hora, até obter a consistência de sorbet, e mantenha no freezer. Retire pelo menos 20 minutos antes de levar à mesa. Sirva em porções individuais decoradas a gosto.
Este sorbet tem um sabor realmente delicioso e refrescante. Prove como aperitivo, entrada ou ao final da refeição: será uma agradável surpresa para os convidados.

DOCES

Sobras de festa

Panetone, colomba pascal e ovo de Páscoa... essas delícias não podem faltar nas mesas de festa. Costumamos dá-los e ganhá-los de presente, e não raro sobram algumas fatias que vão perdendo a fragrância – e quase sempre vão parar no lixo. Em vez de fazer isso, tenha em mente que esse tipo precioso de sobras pode ser o ponto de partida para criar muitas outras sobremesas apetitosas: dê uma olhada em algumas de nossas sugestões e você vai ficar convencido. Para reutilizar o chocolate de ovos de Páscoa, por exemplo, faça os brownies de pão e chocolate (p. 205).

MEU BOLO DE ANIVERSÁRIO

INGREDIENTES
- 200 g de panetone ou outro tipo de pão doce
- 2 gemas
- 6 colheres (sopa) de açúcar
- 300 ml de leite
- casca de 1 limão-siciliano
- 1 colher (sopa) de farinha de trigo
- licor suave para umedecer
- frutas da estação a gosto para decorar

Esta receita foi criada pela minha avó, para comemorar um de meus aniversários. Além de criativa, é muito gostosa. Corte o panetone em fatias grossas (cerca de 3 cm de espessura). Forre com essas fatias o fundo de uma fôrma de torta que possa ser levada à mesa. Prepare o creme de confeiteiro: bata as gemas com o açúcar até obter um creme homogêneo. Ferva o leite com a casca do limão. Retire a casca e adicione a metade do leite morno às gemas batidas, mexendo sem parar. Incorpore a farinha. Junte essa mistura ao leite que sobrou na panela e leve ao fogo brando, mexendo sempre. Deixe engrossar após o creme atingir o ponto de ebulição. Tire do fogo. Umedeça a base da torta com um pouco de licor de sua preferência. Despeje o creme e nivele com uma espátula ou colher. Leve à geladeira até o creme firmar. Decore com frutas a gosto: morangos, kiwis, mirtilos, amoras etc. Depois, é só colocar as velinhas!

PAVLOVA

INGREDIENTES
- 200 g de morangos (ou outra fruta da época)
- suco de 1 limão-siciliano
- 150 ml de creme de leite fresco
- 1 colher (sopa) de açúcar de confeiteiro
- 150 g de sobras de suspiro

Bastam alguns suspiros para preparar 4 miniporções desta deliciosa sobremesa, que ainda leva chantili e frutas. Lave bem os morangos, tire o cabinho, corte em fatias e regue com o suco de limão. Deixe descansar por, pelo menos, 15 minutos no refrigerador. Bata o creme de leite fresco com o açúcar de confeiteiro até o ponto de chantili. Quebre grosseiramente os suspiros com as mãos e coloque no fundo das taças ou tigelinhas. Espalhe alguns morangos por cima e finalize com uma colherada de chantili. Decore com um pouco de calda ou de geleia de morango (opcional). Experimente essa sobremesa simples com pêssegos, damascos, amoras ou outras frutas.

TORTA GELADA DE PÃO DOCE

INGREDIENTES
- 100 g de creme de leite fresco
- 200 g de pão doce sem recheio
- 100 g de mascarpone
- 1 colher (sopa) de açúcar de confeiteiro

Esta torta gelada é um modo elegante de levar à mesa sobras de pão doce ou de panetone: é uma sobremesa deliciosa. Bata o creme de leite fresco até o ponto de chantili. No processador, triture dois terços do pão picado com o açúcar de confeiteiro. Coloque em uma tigela e misture o mascarpone. Incorpore delicadamente o creme de leite batido, mexendo de baixo para cima. Corte o restante do pão doce em cubos e cubra o fundo de uma fôrma para bolo. Despeje a mistura e nivele. Leve ao freezer por, pelo menos, 3 horas.
Tire do freezer 15 minutos antes de levar à mesa. Na hora de servir, decore a gosto com raspas de chocolate, iogurte, chantili ou frutas da estação.

PÃO

Sobras de pão amanhecido

O pão, tanto fresco como amanhecido, é mais do que um alimento importante, ele é também um ingrediente extremamente versátil. Prepare-o você mesmo, se puder, de preferência utilizando o "fermento mãe", mesmo que seja uma tarefa árdua fazê-lo reproduzir-se.
As receitas das próximas páginas trazem uma pequena amostra de tudo o que pode ser feito com pão amanhecido. A gastronomia italiana, por exemplo, é rica em preparos que levam pão.

NHOQUE DE PÃO COM ESPINAFRE

INGREDIENTES
- 500 g de pão amanhecido
- 1 xícara (chá) de leite
- 500 g de espinafre (talos e folhas graúdas)
- sal
- 2 ovos ligeiramente batidos
- 100 g de farinha de trigo
- ½ xícara (chá) de queijo parmesão ralado
- azeite de oliva extra virgem para saltear
- sementes de melão e de melancia (ou outras) tostadas
- lascas de queijo parmesão para decorar

Utilize os talos e as folhas maiores do espinafre que normalmente são descartadas. Reserve as folhas mais tenras para outra receita.
Em uma tigela, despedace o pão, cubra com leite e deixe descansar. Cozinhe o espinafre em água fervente com sal por 3 minutos. Tire o espinafre com uma escumadeira e reserve a água para cozinhar os nhoques. Esprema bem o espinafre, pique e junte à mistura de pão e leite. Acrescente os ovos, a farinha e o queijo e misture bem. Trabalhe até obter uma massa homogênea e lisa.

Enrole a massa formando uma tira longa e corte em pedaços uniformes. Cozinhe na mesma água do espinafre. Retire os nhoques à medida que forem subindo à superfície. Antes de colocar mais nhoques, espere a água levantar fervura novamente. Salteie o nhoque escorrido em uma frigideira antiaderente, junto com as sementes de melancia e de melão tostadas e salgadas (dê uma espiada na p. 230) e um fio de azeite. Se preferir, combine linhaça, gergelim, sementes de abóbora e de girassol (as duas últimas sem casca). Sirva decorado com lascas de queijo parmesão.

PANZANELLA O ANO TODO

INGREDIENTES
- 500 g de tomate
- 1 cebola roxa
- 300 g de pão amanhecido
- 3 colheres (sopa) de azeite de oliva extra virgem
- 1 colher (sopa) de vinagre de vinho branco
- folhas de manjericão a gosto
- sal e pimenta-do-reino a gosto

A ideia básica desta receita é congelar o tomate no auge da estação (de dezembro a fevereiro). Além de fazer economia, ajuda muito ter esse ingrediente sempre à mão; afinal ele entra em um grande número de pratos, como esta panzanella instantânea.
Lave e seque os tomates. Corte em cubos ou ao meio, coloque em um saquinho com fecho hermético e guarde no freezer. Quando quiser servir uma panzanella, retire os tomates do freezer. Corte a cebola roxa em fatias bem finas e esfarele grosseiramente o pão.
Em uma tigela, junte o pão, o tomate, a cebola, o azeite, o vinagre e o manjericão. Tempere com sal e pimenta. Deixe descansar por cerca de 10 minutos e sirva.

TABULE DE PÃO

INGREDIENTES
- 400 g de pão amanhecido (no máximo 2 a 3 dias)
- 1 cebola nova
- hortelã, manjericão e salsinha frescos
- raspas e suco de 1 limão-siciliano
- azeite de oliva extra virgem, sal e pimenta-do-reino a gosto

Para esta receita, prefira pães com muito miolo.
Bata o pão no processador até obter uma farinha de rosca grossa. Espalhe numa assadeira e leve ao forno a 150 °C por 20 minutos para tostar. Se achar mais fácil, toste a farinha na frigideira, em fogo brando. Coloque a farinha de rosca tostada um uma tigela. Corte a cebola em fatias finas e junte à farinha. Pique bem a hortelã, a salsinha e o manjericão e adicione. Junte as raspas e o suco do limão-siciliano e misture bem. Tempere o tabule de migalhas com azeite, sal e pimenta-do-reino moída na hora e sirva. Você pode enriquecer esta receita simples com vegetais da estação: salsão (dezembro a março), pepino (outubro a abril) e pimentão (dezembro a maio).

MASSAS, ARROZ E CUSCUZ

Sobras de preparações

Alimento símbolo da Itália, a massa pode ser usada em inúmeras receitas deliciosas, até mesmo aquilo que não foi consumido. A omelete de macarrão, por exemplo, é um clássico da cozinha italiana, mas há inúmeros modos de reaproveitar as sobras da panela. Todos os tipos de massa podem ser usados: basta juntar alguns ingredientes para completar a transformação.
Assim como as massas, o arroz e o cuscuz também costumam sobrar. Seja qual for o tipo de sobra, a grande vantagem é que elas são muito versáteis. Nas páginas seguintes, você encontrará receitas nas quais o arroz cozido aparece como ingrediente, mas lembre que ele pode ser substituído por cuscuz com resultados surpreendentes. Como sempre, meu recado é: se sobrar, guarde e recrie!

CARBONARA AO CUBO

INGREDIENTES
- a parte verde de 2 alhos-porós
- azeite de oliva extra virgem para saltear
- 1 ovo
- sal, pimenta-do-reino e noz-moscada a gosto
- 100 g de espaguete cozido
- queijo parmesão ralado a gosto

Corte o alho-poró em fatias finas e salteie em uma frigideira com um pouco de azeite. Em uma tigela, bata o ovo com sal, pimenta-do-reino e uma pitada de noz-moscada ralada na hora.
Forre uma fôrma refratária com papel-manteiga. Arrume fios de espaguete, paralelamente, uns colados aos outros, para formar uma camada compacta e uniforme. Pincele o ovo batido e polvilhe um pouco de queijo. Espalhe uma camada fina de alho-poró por cima. Continue intercalando camadas de espaguete e de alho-poró, finalizando com o queijo ralado. Leve ao forno a 180 °C por 15 minutos. Retire do forno, corte em quadradinhos e sirva como aperitivo.

NINHOS DE ESPAGUETE

INGREDIENTES
- talos de 4 aspargos
- a parte verde de 2 cebolinhas
- azeite de oliva extra virgem para refogar e untar
- sal e pimenta-do-reino a gosto
- 60 g de espaguete cozido
- 2 colheres (sopa) de queijo parmesão ralado

Corte os talos de aspargo em fatias finas e cozinhe no vapor por 10 minutos. Enquanto isso, corte a cebolinha em fatias finas e refogue em uma frigideira, em fogo baixo, com um fio de azeite. Junte os talos de aspargo, tempere com sal e pimenta e salteie. Quando amornar, bata no liquidificador ou no processador, até obter um creme.
Pegue cerca de 10 espaguetes por vez e enrole ao redor do dedo para formar um ninho. Disponha o ninho numa assadeira ou em cumbucas individuais untadas com azeite. Sobre cada um deles, coloque uma colherada de creme de aspargos e polvilhe o queijo parmesão ralado. Asse os ninhos sob o grill do forno por cerca de 10 minutos ou até dourar levemente. Decore com pele de tomate ou pétalas comestíveis e finalize com um fio de azeite. Sirva quente.

BERINJELA PARMEGIANA

INGREDIENTES
- 1 berinjela pequena
- sal grosso para polvilhar
- azeite de oliva extra virgem a gosto
- 1 dente de alho
- 200 g de polpa de tomate
- sal, pimenta-do-reino e açúcar a gosto
- 1 prato grande de sobras de massa
- 1 xícara (chá) de queijo parmesão ralado

Corte a berinjela em fatias longitudinais. Polvilhe um pouco de sal grosso em cada fatia e coloque-as em um escorredor de massa. Deixe descansar por cerca de 15 minutos. Enquanto isso, leve uma frigideira ao fogo com um pouco de azeite e o alho. Junte a polpa de tomate, tempere com sal, pimenta-do-reino moída na hora e um pouco de açúcar para suavizar a acidez. Deixe cozinhar em fogo médio por 10 minutos e reserve.
Retire o excesso de sal das fatias de berinjela e doure-as de ambos os lados em uma frigideira antiaderente levemente untada com azeite.
Em uma fôrma refratária, espalhe uma camada fina de molho de tomate e arrume por cima a massa. Coloque mais molho, polvilhe um pouco de queijo e faça uma camada com toda a berinjela. Espalhe o molho restante e polvilhe bastante queijo ralado. Leve ao forno preaquecido a 180 °C por cerca de 25 minutos. Sirva a seguir.

GALLETTES DE ARROZ AO AÇAFRÃO

INGREDIENTES
- 150 g de arroz cozido
- uma pitada de açafrão
- 2 claras
- sal e pimenta-do-reino a gosto
- azeite de oliva extra virgem para untar

Bata no processador o arroz e o açafrão. Em uma tigela, bata as claras em neve e incorpore delicadamente ao arroz. Tempere com sal e pimenta. Preaqueça o forno a 140 °C. Coloque essa mistura em uma assadeira untada com azeite às colheradas. Asse por 40 minutos. Sirva como aperitivo.

BOLINHOS DOCES DE CUSCUZ COM GENGIBRE

INGREDIENTES
- um punhado de uvas-passas
- 180 g de cuscuz marroquino cozido
- 1 colher (sopa) de açúcar
- 2 ovos ligeiramente batidos
- raspas de 1 limão-siciliano
- um pedaço de gengibre sem casca ralado
- 2 colheres (sopa) de azeite de oliva extra virgem
- 2 colheres (sopa) de açúcar de confeiteiro para polvilhar

Coloque as uvas-passas de molho em uma tigelinha com um pouco de água e deixe por alguns minutos. Coloque o cuscuz em uma tigela, acrescente o açúcar, os ovos, as raspas de limão e o gengibre. Coe as uvas-passas e dispense a água. Junte-as à massa e misture. Coloque na geladeira e deixe descansar por, pelo menos, 15 minutos.
Passado esse tempo, aqueça o azeite em uma frigideira antiaderente. Quando estiver quente, despeje colheradas da massa, poucas por vez, e frite. Doure de ambos os lados. Coloque os bolinhos fritos para escorrer sobre um papel toalha. Sirva os bolinhos ainda quentes, polvilhados com açúcar de confeiteiro.

PUDIM DE ARROZ, BANANA E UVAS-PASSAS

INGREDIENTES
- 150 g de arroz cozido
- 1 banana orgânica madura amassada
- 500 ml de leite sem lactose (ou bebida à base de arroz ou de soja)
- 2 colheres (sopa) de mel
- 10 g de ágar (gelatina vegetal)
- um punhado de uvas-passas
- um punhado de avelãs sem casca tostadas
- canela em pó para decorar

Em uma panela, coloque o arroz cozido (pode estar com sal, mas não pode ter outros temperos), a banana amassada, o leite, o mel e a canela e deixe levantar fervura. Enquanto isso, hidrate o ágar em um recipiente com um pouco de água fria. Quando a mistura da panela ferver, diminua o fogo e cozinhe por 5 minutos, sem parar de mexer. Desligue o fogo e adicione a gelatina hidratada. Misture até a massa desprender da panela. Junte as uvas-passas. Despeje a mistura em quatro tigelas de servir. Deixe amornar e leve à geladeira por, pelo menos, 1 hora. Sirva nas tigelinhas ou desenforme o pudim sobre pratos de sobremesa. Espalhe as avelãs picadas grosseiramente e decore com canela em pó.

CARDÁPIOS ESPECIAIS

SUCO DE CASCAS E MIOLOS

PANQUECA ZERO DESPERDÍCIO

ECOBRUNCH

Experimente as receitas que selecionei para um ecobrunch, ideal para fins de semana ou feriados, quando a gente não precisa correr para lá e para cá e tem tempo de sobra para saborear calmamente uma refeição caprichada. Os ingredientes básicos são pão amanhecido e bagaços de frutas.

PÃO MEXIDO

SUCO DE CASCAS E MIOLOS

INGREDIENTES
- cascas de 2 cenouras
- cascas e miolos de 4 maçãs
- cascas e miolos de 4 peras
- um pedaço de gengibre fresco sem casca
- folhas de 1 salsão

Lave e seque as cascas e os miolos e descarte as sementes (se você vai utilizar imediatamente, mantenha tudo em uma tigela com água e umas gotas de limão; se não, congele).
Bata tudo no processador, coe em uma jarra e sirva imediatamente. Reserve o bagaço para preparar a panqueca zero desperdício (ver p. 161) ou o sorbet custo zero (p. 201).

PÃO MEXIDO

INGREDIENTES
- 6 fatias de pão amanhecido
- ½ xícara (chá) de leite
- 6 ovos ligeiramente batidos
- 1 colher (sopa) de azeite de oliva extra virgem
- sal e pimenta-do-reino a gosto

Mergulhe o pão no leite. Quando amolecer, esprema e despedace grosseiramente com as mãos.
Em uma tigela, coloque os ovos, adicione o leite em que foi amolecido o pão e bata. Em uma frigideira antiaderente, aqueça azeite e doure os pedaços de pão, em fogo médio. Despeje a mistura de ovos e leite sobre o pão que está na frigideira. Mantendo o fogo médio, mexa com a espátula, como se faz para preparar ovos mexidos. Quando o ovo cozinhar ligeiramente, tempere com sal e pimenta-do-reino moída na hora e sirva imediatamente. Decore a gosto.

PANQUECA ZERO DESPERDÍCIO

INGREDIENTES
- 100 g de farinha de trigo
- 1 ovo
- ½ colher (sopa) de açúcar mascavo
- uma pitada de sal
- 200 g de bagaço de sucos de frutas variadas
- 1 colher (chá) de fermento em pó
- 200 ml de leite sem lactose (ou bebida à base de arroz ou de soja)
- manteiga para untar
- mel para servir

Utilize os bagaços que restaram do suco de cascas e miolos (ver p. 160) ou de um suco de frutas da estação.
Misture a farinha, o ovo, o açúcar, o sal e o bagaço das frutas. Aos poucos, acrescente o fermento e o leite e continue misturando até obter uma massa homogênea. Unte e aqueça uma crepeira ou uma frigideira antiaderente pequena e leve ao fogo baixo. Quando o fundo estiver quente, despeje uma concha da massa e deixe firmar. Vire a panqueca e deixe cozinhar do outro lado. Mantenha as panquecas aquecidas até terminar de preparar. Sirva com mel.

CARPACCIO DE TALOS DE ASPARGO COM MOLHO DE LIMÃO E ERVAS

FILÉ DE LINGUADO COM CREME VERDE

LAVADO E COZIDO

Você usa habitualmente a máquina de lavar louças? Use-a também para cozinhar, aproveitando os espaços vazios. Você terá alimentos deliciosos e cozidos a baixa temperatura. Algumas recomendações: use potes e sacos apropriados para cozimento com fecho hermético, e escolha produtos de altíssima qualidade e bem frescos.

MUSSE DE BAGAÇO DE PERA COM RASPAS DE CHOCOLATE

CARPACCIO DE TALOS DE ASPARGO COM MOLHO DE LIMÃO E ERVAS

INGREDIENTES
- talos de 500 g de aspargos
- 3 colheres (sopa) de azeite de oliva extra virgem
- 3 colheres (sopa) de suco de limão-siciliano
- sal e pimenta-do-reino a gosto
- ervas aromáticas frescas a gosto, como tomilho, orégano e manjerona

Limpe os talos com um descascador de legumes. Corte em fatias finas e coloque em um saco próprio para cozimento com fecho hermético. Feche bem e coloque em meio aos pratos que serão lavados no lava-louças. Se preferir, use um pote de vidro com fecho hermético: é só distribuir os aspargos entre os potinhos e fechar bem. Cozinhe com o ciclo de lavagem principal. Quando o ciclo terminar, guarde os aspargos na geladeira até a hora de levar à mesa.

Na hora de servir, prepare o molho: bata o azeite e o suco de limão com um batedor manual, até emulsionar. Tempere com sal, pimenta-do-reino moída na hora e as ervas aromáticas.

Disponha o carpaccio de talos em quatro pratos e tempere com o molho. Decore com ramos de tomilho fresco e sementes de abóbora ou gergelim. Esse carpaccio é ideal como entrada ou acompanhamento.

FILÉ DE LINGUADO COM CREME VERDE

INGREDIENTES
- 1 linguado de cerca de 1,8 kg (rende 4 filés de cerca de 200 g cada um)
- 1 limão-siciliano
- a parte verde de 4 cebolinhas
- 2 colheres (sopa) de manteiga
- sal e pimenta-do-reino a gosto
- ½ xícara (chá) de vinho branco
- azeite de oliva extra virgem a gosto

Comece cortando os linguados em filés. Faça uma incisão seguindo o contorno anatômico do peixe e sua espinha central. Para separar um filé, passe a lâmina entre a carne e a espinha. Siga a espinha até a nadadeira. Limpe os filés e elimine as espinhas nas bordas. Lave, seque e arrume os quatro filés em sacos separados, próprios para cozimento, com fecho hermético. Com um zester, corte tirinhas da casca do limão-siciliano e coloque junto com os filés de linguado. Retire todo o ar dos saquinhos, feche bem e leve para a máquina de lavar louças, junto com os pratos. Cozinhe no ciclo de lavagem principal. Depois de 30 minutos de lavagem, retire o peixe da lava-louças e guarde na geladeira.

Corte a cebolinha em fatias e refogue em uma frigideira com a metade da manteiga. Tempere com sal, pimenta-do-reino moída na hora e regue com o vinho branco. Deixe cozinhar em fogo médio por 5 minutos. Triture no passa-legumes ou no liquidificador até obter um creme.
Abra o saquinho com os filés de linguado; veja como o cozimento em baixa temperatura deixa o peixe tenro e saboroso. Em uma frigideira antiaderente, aqueça o restante da manteiga e doure ambos os lados dos filés. Arrume os filés de linguado nos pratos e coloque por cima o creme de cebola. Finalize com um fio de azeite, um pouco de pimenta-do-reino moída na hora e uma pitada de sal. Sirva acompanhado com um mix de folhas variadas.

MUSSE DE BAGAÇO DE PERA COM RASPAS DE CHOCOLATE

INGREDIENTES
- o bagaço do suco de 4 peras
- 4 colheres (sopa) de açúcar
- 4 colheres (sopa) de suco de 1 limão-siciliano, mais as raspas da casca para decorar
- raspas de chocolate ao leite e branco para decorar

Para esta receita, você vai precisar de quatro potinhos para conserva. Eles podem ser reciclados, desde que a tampa seja hermética.
Distribua o bagaço das peras entre os potes. Em cada um, adicione uma colher de açúcar e uma colher de suco de limão-siciliano. Feche bem os potes e encaixe-os nos espaços vazios do lava-louças. Cozinhe no ciclo de lavagem principal. Deixe na geladeira até a hora de servir. Decore com as raspas de limão e as de chocolate ao leite e branco.

Cardápios especiais

SANDUÍCHE COM VAGENS DE FAVA E QUEIJO DE CABRA

SALADA SUPERVITAMINADA COM PESTO DE CASCA DE CENOURA

ALMOÇO NO ESCRITÓRIO

Seria ótimo poder almoçar em casa, mas para a maioria das pessoas – e eu sou uma delas – isso é impossível. Comer todos os dias em restaurantes, além de caro, não é muito saudável, sobretudo porque acabamos escolhendo pratos muito temperados e em porções exageradas. Quando consigo, procuro levar de casa uma "minirrefeição" completa, naturalmente preparada com zero desperdício.

ECOPUDIM COM BAGAÇO DE FRUTAS

SALADA SUPERVITAMINADA COM PESTO DE CASCA DE CENOURA

INGREDIENTES PARA 1 PORÇÃO
- 1 cebola roxa pequena
- 100 g de folhas variadas
- cascas de 2 cenouras (e ramas, se possível)
- mix de sementes (gergelim, girassol, abóbora)
- casca e suco de ½ limão-siciliano
- 1 fatia de pão amanhecido (de 1 a 2 dias)
- azeite de oliva extra virgem para regar
- sal e pimenta-do-reino a gosto

Corte a cebola em fatias finas. Rasgue as folhas com as mãos e pique a ramagem da cenoura. Coloque as sementes em uma frigideira e toste por alguns minutos em fogo baixo. Rale cerca de 1 colher (chá) da casca do limão-siciliano. Bata os resíduos da cenoura com o miolo do pão, as raspas e o suco do limão, adicionando o azeite em fio até obter uma pasta cremosa, como um pesto. Tempere com sal e pimenta.
Em um recipiente que possa levar ao trabalho (marmita ou recipiente plástico com fecho hermético), arrume, de um lado, as fatias de cebola e a ramagem de cenoura e, de outro, as folhas rasgadas. Coloque o pesto de cenoura por cima da cebola e da ramagem; dessa forma, as folhas não vão queimar e a cebola vai ficar marinada. Por último, coloque as sementes e feche o recipiente: ele está pronto para ser levado ao trabalho. Antes de comer, agite o recipiente para temperar a salada com o pesto.

SANDUÍCHE COM VAGENS DE FAVA E QUEIJO DE CABRA

INGREDIENTES
- 70 g de vagens de fava
- a parte verde de 1 cebolinha
- 2 fatias de pão à sua escolha
- 1 colher (sopa) de azeite de oliva extra virgem
- sal e pimenta-do-reino a gosto
- 50 g de queijo de cabra cremoso

Retire as favas e conserve as vagens em água fria para não oxidarem. No momento de preparar o sanduíche, seque as vagens, corte pedaços grandes e cozinhe em água fervente com sal por cerca de 8 minutos. Corte a cebolinha em fatias finas. Toste o pão e espere esfriar.
Em uma frigideira, aqueça o azeite, junte a cebolinha e as vagens e salteie. Tempere com sal e pimenta-do-reino moída na hora e misture.
Sobre uma das fatias do pão, passe o queijo, arrume as vagens salteadas e cubra com a outra fatia. Embrulhe num guardanapo de tecido e guarde em um recipiente hermético ou marmita própria para levar refeições ao trabalho.

ECOPUDIM COM BAGAÇO DE FRUTAS

INGREDIENTES PARA 1 PORÇÃO
- 1 folha de gelatina
- 2 colheres (sopa) de açúcar
- 100 ml de água filtrada
- 100 g de bagaço de suco de frutas variadas
- raspas e suco de ½ limão-siciliano

Sempre que preparar um suco de frutas, reserve o bagaço: ele pode ser usado em muitas sobremesas, como esta que você vai saborear no trabalho.
Coloque a folha de gelatina em uma tigela e cubra com água fria. Em uma panelinha, misture o açúcar com a água e deixe em fogo brando até formar uma calda rala. Desligue o fogo e, depois de alguns minutos, acrescente a folha de gelatina escorrida e misture. Adicione o bagaço de frutas, as raspas e o suco de limão-siciliano. Misture e passe para um pote. Feche e mantenha na geladeira. No dia seguinte, você terá uma deliciosa sobremesa!

FESTA

Aniversário, uma promoção, a visita de amigos... há muitos motivos para festejar. Quando recebemos convidados, temos tendência a exagerar, preparando mais comida do que eles conseguiriam comer em uma semana. Isso sem falar no gasto exagerado. Este cardápio, ao contrário, além de suficiente, é rico e ao mesmo tempo econômico.

CHEESECAKE

CHEESECAKE

INGREDIENTES
Para a base:
- 180 g de bolacha tipo maisena
- 80 g de manteiga, mais um pouco para untar
- 2 colheres (sopa) de mel
- uma pitada de sal

Para o recheio:
- 150 g de casca de abóbora lisa (de preferência alaranjada)
- casca de 1 laranja espremida
- 200 g de cream cheese
- 2 ovos ligeiramente batidos
- 80 g de açúcar mascavo

Prepare a base do cheesecake: no liquidificador, bata as bolachas até virarem uma farinha fina. Adicione a manteiga, o sal e o mel. Misture a farofa com as mãos até incorporar tudo. Unte uma fôrma de torta com fundo removível ou forminhas individuais. Cubra o fundo da fôrma com uma camada compacta da massa de biscoitos. Leve à geladeira para resfriar por, pelo menos, 30 minutos. Prepare o recheio: coloque a casca de abóbora na panela de pressão, cubra com água e cozinhe por cerca de 20 minutos, contados a partir do momento em que a panela começar a chiar. Coe a casca de abóbora e coloque no processador, junto com a casca de laranja, e bata. Coloque a mistura em uma tigela, acrescente os outros ingredientes, um a um, incorporando bem até obter um creme homogêneo. Preaqueça o forno a 180 °C. Espalhe a mistura sobre a base de bolachas e asse por 40 minutos (30 minutos no caso de forminhas individuais). Confira se o recheio está seco: espete um palito; se ele sair limpo e seco, o cozimento está completo. Desligue o forno e deixe a torta esfriar antes de desenformar e servir. Conserve o cheesecake na geladeira.

MINIPIZZAS DE PÃO

INGREDIENTES
- 2 dentes de alho
- 2 colheres (sopa) de azeite de oliva extra virgem, mais um pouco para untar
- 400 g de polpa de tomate
- 1 colher (sopa) de açúcar
- sal e pimenta-do-reino a gosto
- 400 g de pão amanhecido
- um punhado de alcaparras dessalgadas
- orégano ou manjericão fresco a gosto

Este prato foi inspirado em uma receita postada pela Marina, uma seguidora do meu blog.
Refogue o alho no azeite. Junte a polpa de tomate e o açúcar. Tempere com sal e pimenta-do-reino moída na hora e cozinhe por 10 minutos. Coloque o pão amanhecido em uma tigela com água. Quando amolecer, esprema e coloque em forminhas de torta untadas com azeite. Com os dedos, pressione o pão contra o fundo das forminhas, até formar uma base compacta e homogênea.
Leve ao forno preaquecido a 180° C por 10 minutos. Desenforme, espalhe o molho de tomate e as alcaparras. Finalize com orégano ou folhas de manjericão rasgadas. Recoloque as fôrmas no forno, sob o grill, por mais 5 minutos. Desenforme as minipizzas e sirva ainda quentes.

STRUDEL DE VERDURAS

INGREDIENTES

Para a massa:
- 150 g de farinha de trigo
- 1 colher (sopa) de azeite de oliva extra virgem
- uma pitada de sal
- 80 ml de água

Para o recheio:
- talos e folhas de 250 g de brócolis, couve-flor e repolho
- a parte verde de 1 alho-poró
- 2 colheres (sopa) de azeite de oliva extra virgem
- um punhado de uvas-passas
- sal e pimenta-do-reino a gosto
- 100 ml de vinho branco
- um punhado de nozes
- clara para unir as bordas e gema para pincelar
- manteiga para untar

Prepare a massa: misture a farinha com o azeite e o sal. Adicione a água aos poucos, trabalhando com as mãos até obter uma massa macia e elástica. Cubra com um pano e deixe descansar por cerca de 30 minutos em local fresco.
Corte os talos e as folhas das verduras em pedaços pequenos e o alho-poró em fatias finas. Em uma panela, aqueça o azeite e refogue as verduras por alguns minutos. Acrescente as uvas-passas e tempere com sal e pimenta-do-reino moída na hora. Regue com o vinho branco e espere o líquido evaporar em fogo médio. Parta grosseiramente as nozes e acrescente à mistura. Desligue o fogo e espere amornar.
Sobre uma folha de papel-manteiga, abra a massa com o rolo, até ficar bem fina. Procure moldar em forma de retângulo. Distribua o recheio deixando livre uma faixa em um dos lados mais compridos da massa. Com o auxílio do papel-manteiga, enrole o strudel formando uma espécie de rocambole. Pincele a clara na lateral e nas pontas para fechar bem. Coloque o strudel sobre uma assadeira untada e pincele a gema batida. Asse em forno preaquecido a 180º C por cerca de 35 minutos. Fatie o strudel na hora de servir.

O prato pode ser acompanhado com um molho de iogurte, esta é minha sugestão: numa tigela, misture um pouco de salsinha e de cebolinha picadas miúdo, 350 g de iogurte, um pouco de azeite, sal, pimenta-do-reino moída na hora e 1 colher (sopa) de suco de limão-siciliano. Coloque em uma molheira e leve à mesa.

PICOLÉ DE IOGURTE E BAGAÇO DE FRUTAS

SOPA DE CEBOLINHAS

JANTAR ECOLÓGICO

Este é um cardápio para todas as noites. É saboroso, saudável e simples de preparar. Para escolher os pratos, eu me inspirei naqueles que mais gosto de comer. Você quer saber o custo? Praticamente zero.

OMELETE COM ESPAGUETE DA HORTA E MOLHO DE MOSTARDA

SOPA DE CEBOLINHAS

INGREDIENTES
- 5 cebolinhas
- folhas de 1 salsão
- cascas de 2 cenouras
- 1 batata
- 1 colher (sopa) de azeite de oliva extra virgem, mais um pouco para finalizar
- sal e pimenta-do-reino a gosto
- 1 litro de caldo de legumes (ou a água do cozimento de vegetais)
- 200 g de sobras de macarrão seco (massa para lasanha quebrada, por exemplo)

Corte a cebolinha, as folhas de salsão e as cascas de cenoura em fatias finas. Corte a batata em cubinhos. Na panela de pressão, aqueça o azeite e salteie a cebolinha, as folhas de salsão e as cascas de cenoura. Depois de alguns minutos, adicione os cubos de batata e misture. Deixe cozinhar por cerca de 5 minutos. Tempere com sal e pimenta-do-reino moída na hora. Junte o caldo quente e tampe a panela de pressão. Cozinhe por 20 minutos, contados a partir do momento em que a panela começar a chiar. Retire a panela do fogo e espere liberar o vapor.

Coloque o macarrão. Quando estiver cozido, sirva a sopa em cumbucas. Se quiser, decore com fatias finas de cebolinha, um pouco de pimenta-do-reino moída na hora, e complete com um fio de azeite.

OMELETE COM ESPAGUETE DA HORTA E MOLHO DE MOSTARDA

INGREDIENTES
- 2 cebolinhas
- 2 talos de salsão
- cascas de 4 cenouras
- 4 ovos
- sal e pimenta-do-reino a gosto
- 1 colher (sopa) de azeite de oliva extra virgem, mais um pouco para o molho
- 1 colher (sopa) de mostarda
- 1 colher (chá) de mel

Corte a cebolinha, os talos de salsão e as cascas de cenoura em tiras bem finas. Cozinhe no vapor por 5 minutos, se possível aproveitando o vapor de uma panela que esteja no fogo.
Enquanto isso, prepare a omelete. Em uma tigela, quebre os ovos, tempere com sal e pimenta-do-reino moída na hora. Bata um pouco com o batedor manual. Em uma frigideira, aqueça o azeite e despeje um quarto da mistura de ovos. Gire a frigideira de modo a formar uma omelete fina e homogênea. Quando estiver firme, vire e doure ligeiramente do outro lado. Ao todo, prepare quatro omeletes.
Coloque no centro de cada uma as hortaliças e enrole. Se quiser, amarre com cebolinha verde e dê dois nós. Em uma tigela, prepare o molho: emulsione a mostarda, despejando o azeite em fio, e adicione o mel. Sirva a omelete com esse molho.

PICOLÉ DE IOGURTE E BAGAÇO DE FRUTAS

INGREDIENTES
- 120 g de açúcar mascavo
- 250 ml de água filtrada
- 170 g de bagaço de suco de frutas variadas
- 100 g de iogurte

Em uma panelinha, dissolva o açúcar em 250 ml de água filtrada e ferva por 5 minutos. Deixe esfriar completamente. Prepare um suco de frutas (por exemplo, de morango, maçã e laranja), deguste-o e use o bagaço para preparar este delicioso picolé. É simples de fazer. Em uma tigela, misture a metade da calda de açúcar e o bagaço de frutas e coloque em uma fôrma para picolés. Leve ao freezer por, pelo menos, 30 minutos.
Em outra tigela, despeje o iogurte e a outra metade da calda e misture. Coloque na fôrma, sobre a massa de frutas já endurecida. Insira os palitos e deixe no freezer por, pelo menos, 3 horas.
Para soltar facilmente os picolés, mergulhe a fôrma em um recipiente com água quente por 1 minuto.

SALADA CROCANTE DE ERVA-DOCE, LARANJA E MOLHO DE AMENDOIM

SORBET INSTANTÂNEO DE CÍTRICOS

VISITAS INESPERADAS

Lembre-se deste cardápio em situações de emergência. Quando estiver às voltas com um jantar inesperado para parentes ou amigos, antes de discar o número do *delivery*, lembre-se destes pratos... É bem provável que você tenha tudo em casa para prepará-los.

RIGATONI COM ERVA-DOCE, COMINHO E PIMENTA

RIGATONI COM ERVA-DOCE, COMINHO E PIMENTA

INGREDIENTES
- ramagem e parte verde de 2 ervas-doces
- 1 cebola roxa média
- 50 g de margarina
- sal a gosto
- 1 pimenta dedo-de-moça picada
- uma pitada de cominho em pó
- 360 g de rigatoni integral
- ½ xícara (chá) de vinho branco
- 2 colheres (sopa) de queijo parmesão ralado
- azeite de oliva extra virgem para finalizar

Encha uma panela grande de água, salgue e coloque para ferver. Corte a erva-doce em tiras finas, seguindo a direção das estrias. Cozinhe por alguns minutos no vapor; aproveite a água para cozinhar o macarrão. Se preferir, escalde a erva-doce em água fervente por 1 minuto. Corte a cebola roxa em fatias finas.
Coloque uma frigideira grande no fogo, derreta a margarina em fogo baixo e junte a cebola roxa. Deixe amolecer um pouco e acrescente a erva-doce. Tempere com sal, a pimenta picada, o cominho e salteie. Regue a erva-doce com o vinho, deixe o álcool evaporar em fogo alto e desligue o fogo. Cozinhe o macarrão seguindo as instruções da embalagem. Quando estiver al dente, retire a massa, mas reserve a água do cozimento para regar plantas depois de fria. Junte a massa à erva-doce e adicione 2 colheres (sopa) da água do cozimento. Reacenda o fogo, polvilhe o queijo parmesão ralado na hora e salteie. Ao servir, coloque um fio de azeite.

SALADA CROCANTE DE ERVA-DOCE, LARANJA E MOLHO DE AMENDOIM

INGREDIENTES
- 250 g de erva-doce
- 2 laranjas
- 40 g de amendoim
- uma pitada de pimenta-calabresa em flocos
- 4 colheres (sopa) de suco de laranja
- 4 colheres (sopa) de azeite de oliva extra virgem
- sal a gosto

Nesta receita, você pode usar tanto as partes nobres da erva-doce quanto os talos, que costumam ser descartados. À mão ou com a ajuda de um mandoline, corte a erva-doce em tiras finas e reserve. Lave bem as laranjas, pois as cascas podem ser usadas para preparar o sorbet instantâneo de cítricos (ver receita ao lado). Trabalhando sobre uma tigela para recolher todo o suco, retire toda a casca da laranja (inclusive a parte branca) e corte-a em gomos. Em uma tigela, misture a erva-doce e a laranja e mantenha a salada na geladeira até a hora de servir.
Bata os amendoins com a pimenta no processador e despeje o suco recolhido das laranjas e o azeite. Continue batendo até o molho espumar e acerte o sal. Tempere a salada apenas na hora de levar à mesa. Sirva como entrada.

SORBET INSTANTÂNEO DE CÍTRICOS

INGREDIENTES
- cascas de 6 laranjas espremidas
- casca e suco de 1 limão-siciliano
- 250 g de açúcar de confeiteiro
- 4 cubos de gelo

Lave bem as laranjas, antes de espremê-las ou descascá-las, e guarde o bagaço para preparar este sorbet. Triture as cascas das laranjas sem descartar nada. Coloque em um recipiente bem tampado e leve ao freezer. No momento de servir, lave o limão-siciliano, rale apenas a parte amarela e reserve. A seguir, esprema o limão. Bata as cascas congeladas com o açúcar de confeiteiro, os cubos de gelo e o suco de limão. Forme bolas de sorbet, decore com as raspas de limão e sirva imediatamente.

ESTILO ASIÁTICO

Sou fascinada pela culinária oriental. As receitas ora propostas têm inspiração asiática, sobretudo chinesa, com toques tipicamente ocidentais e, o melhor, todas são 100% ecológicas.

TROUXINHAS DE INVERNO COZIDAS NO VAPOR

TROUXINHAS DE INVERNO COZIDAS NO VAPOR

INGREDIENTES
Para o recheio:
- 300 g de caules e folhas de couve-flor e brócolis
- folhas externas de 1 repolho ou 1 couve
- 1 cebola roxa
- 1 batata cozida
- 1 pimenta dedo-de-moça
- 2 colheres (sopa) de azeite de oliva extra virgem
- 1 colher (chá) de açúcar mascavo
- 3 colheres (sopa) de shoyu
- 1 colher (sopa) de vinagre de arroz

Para a massa:
- 250 g de farinha de trigo
- 150 ml de água morna
- uma pitada de sal

Para o molho:
- 6 colheres (sopa) de shoyu
- 2 colheres (sopa) de vinagre de arroz
- 1 colher (chá) de gengibre ralado

Prepare a massa, misturando a farinha com a água morna e uma pitada de sal e sove até obter uma massa lisa e homogênea. Cubra com um pano seco e limpo e deixe descansar por, pelo menos, 30 minutos.
Enquanto isso, prepare o recheio: corte os caules e as folhas de couve-flor e brócolis e a folha de repolho (ou couve) em tiras. Pique a cebola roxa e corte a batata em cubinhos. Pique a pimenta.
Em uma frigideira, aqueça o azeite com a pimenta em fogo baixo. Junte o açúcar e a cebola roxa e salteie. A seguir, coloque o repolho, o brócolis e a batata. Regue com o shoyu e o vinagre de arroz. Deixe cozinhar por alguns minutos, desligue e espere amornar.
Depois que a massa tiver descansado por 30 minutos, divida-a em três partes. Enfarinhe uma superfície de trabalho. Forme um rolo com cada pedaço e divida em três partes, com cerca de 2 cm de comprimento cada. Com as mãos enfarinhadas, forme discos com esses pedaços de massa. Com a ajuda do rolo, abra os discos até ficarem bem finos, com cerca de 7 cm de diâmetro. Apoie o disco na palma da mão, coloque uma colherada de recheio no centro e feche, formando uma trouxinha (essa trouxinha é inspirada no guioza). Aperte bem as bordas para que o recheio não escape durante o cozimento. Repita o procedimento com o restante dos discos. Cozinhe as trouxinhas no vapor, de preferência em uma panela de bambu apropriada (ela pode ser adquirida em lojas de produtos orientais ou pela internet). Para evitar que a massa grude, coloque algumas folhas de repolho ou de couve no fundo da panela de bambu.
Prepare o molho: em uma tigela, misture o shoyu, o vinagre de arroz e o gengibre ralado. Sirva as trouxinhas quentes com o molho à parte.

ESPAGUETE DE RAÍZES DE ALHO-PORÓ SALTEADO

INGREDIENTES
- raízes de 5 alhos-porós
- 3 colheres (sopa) de azeite de oliva extra virgem
- uma pitada de sal
- 1 pimenta dedo-de-moça
- 1 colher (chá) de açúcar
- ½ colher (chá) de gengibre fresco ralado
- 2 colheres (sopa) de shoyu
- 2 cenouras
- 2 folhas externas de repolho

Corte as raízes do alho-poró até junto à base; use o restante como preferir, sem desperdiçar a parte verde. Coloque as raízes em uma panela de pressão e cubra com água. Tempere com 1 colher (sopa) de azeite e o sal e tampe a panela. Deixe cozinhar por 20 minutos, contados a partir do momento em que a panela começar a chiar. Em panela comum, o tempo de cozimento aumenta para 40 minutos.
Enquanto isso, prepare o tempero. Em uma wok, coloque o restante do azeite, a pimenta picada, o açúcar, o gengibre e o shoyu. Deixe cozinhar por 1 minuto e reserve. Com um mandoline ou à mão, corte em fios a cenoura e as folhas externas de repolho. Salteie a cenoura na wok por alguns minutos, adicione o repolho e salteie por mais 2 minutos. Retire as raízes de alho-poró com uma escumadeira (reserve a água do cozimento para regar plantas), coloque na wok e salteie por 2 minutos. Sirva imediatamente com o molho.

CUBINHOS DE GELATINA COM LIMÃO E GENGIBRE

INGREDIENTES
- cascas e suco de 2 limões-sicilianos, mais raspas para decorar
- um pedaço de gengibre fresco sem casca
- 2 folhas de gelatina
- 300 ml de água filtrada fria
- 150 g de açúcar

Esprema os limões e reserve as cascas; como você já sabe, a casca de limão-siciliano é um ingrediente nobre para preparar doces e gelatinas como esta. Corte as cascas grosseiramente e bata no liquidificador com o gengibre fresco. Mergulhe as folhas de gelatina em água fria. Coloque o suco dos limões em uma panela com a água e o açúcar. Ferva por 15 minutos e tire do fogo. Deixe esfriar um pouco e junte as folhas de gelatina escorridas. Misture e deixe esfriar por completo. Despeje essa mistura em uma fôrma refratária retangular revestida de filme de PVC e leve à geladeira. Depois de 3 horas, ou quando a gelatina estiver firme, vire a fôrma sobre uma superfície de trabalho, retire com cuidado o filme de PVC e corte a gelatina em cubos. Sirva decorada com raspas de limão-siciliano.

CREME DOCE DE CASCA DE ABÓBORA COM PISTACHE

CHARUTINHO VEGETARIANO COM ARROZ

100% VEGETARIANO

Os produtos animais, sobretudo a carne, causam grande impacto ambiental, se comparados aos produtos vegetais. Uma alimentação predominantemente vegetariana, além de ser sustentável, é também mais saudável. Experimente estas receitas: você não vai sentir falta de carnes e afins.

ESCALOPINHOS DE SEITAN COM CREME DE ERVA-DOCE E CÍTRICOS

CHARUTINHO VEGETARIANO COM ARROZ

INGREDIENTES
- 4 folhas externas de couve ou de repolho
- 100 g de azeitonas pretas sem caroço
- 1 xícara (chá) de sobras de arroz cozido
- azeite de oliva extra virgem a gosto
- sal e pimenta-do-reino a gosto
- 10 folhas de hortelã
- suco de 1 limão-siciliano

Para o vinagrete:
- 100 ml de azeite de oliva extra virgem
- 1 colher (sopa) de vinagre de vinho branco
- 1 cebola roxa picada
- 100 g de ramagem de erva-doce
- sal e pimenta-do-reino a gosto

Em água fervente já salgada, escalde as folhas de couve (ou de repolho) por alguns segundos. Escorra, mergulhe imediatamente em água fria, escorra de novo e deixe secar sobre um pano limpo (abra as folhas com muito cuidado). Se as folhas forem grandes, corte-as ao meio. Pique as azeitonas e misture ao arroz. Tempere com azeite, sal e pimenta-do-reino moída na hora a gosto. Pique metade das folhas de hortelã (se quiser, use hortelã seca) e misture ao arroz.

Coloque uma colherada de arroz na extremidade da folha, dobre as laterais em direção ao centro e enrole, formando um charutinho. Repita o procedimento até o recheio terminar.

Arrume os charutinhos em um cesto para cozimento a vapor e cozinhe por cerca de 10 minutos. Quando os charutinhos ficarem prontos, deixe esfriar. Regue com o suco de limão e leve à geladeira por, pelo menos, 1 hora.

Prepare o vinagrete: bata o azeite e o vinagre até emulsionar a mistura. Junte a cebola roxa picada e a ramagem da erva-doce grosseiramente picada. Tempere com sal e pimenta-do-reino a gosto.

Sirva decorado com folhas de hortelã fresca picadas.

ESCALOPINHOS DE SEITAN COM CREME DE ERVA-DOCE E CÍTRICOS

INGREDIENTES
- folhas externas de 2 ervas-doces, mais um pouco da ramagem para decorar
- 1 cebola roxa
- 1 xícara (chá) de caldo de legumes
- azeite de oliva extra virgem para refogar
- 400 g de seitan (ou carne vegetal)
- sal e pimenta-do-reino a gosto
- 2 colheres (sopa) de farinha de trigo
- casca e suco de 1 laranja

Pique a erva-doce e a cebola roxa. Numa panela, refogue ligeiramente a cebola no azeite. Junte a erva-doce e salteie. Adicione o caldo de legumes quente e deixe cozinhar por 10 minutos em fogo baixo.
Corte o seitan em fatias finas (se não encontrar em casas de produtos naturais, use carne vegetal), tempere com sal e pimenta-do-reino moída na hora e passe na farinha. Doure as fatias de seitan, de ambos os lados, numa frigideira com um fio de azeite e reserve.
Separe um pouco da erva-doce cozida e bata o restante com um mixer até obter um purê. Tempere com sal e pimenta e deixe reduzir por mais alguns minutos, se necessário. Junte os pedacinhos anteriormente separados. Arrume os escalopes de seitan e o creme de erva-doce nos pratos. Decore com raspas de laranja e ramas de erva-doce.

CREME DOCE DE CASCA DE ABÓBORA COM PISTACHE

INGREDIENTES
- 300 g de casca de abóbora (de preferência alaranjada)
- 200 ml de leite sem lactose
- raspas de 1 limão-siciliano
- 80 g de mel
- 20 g de ágar (gelatina vegetal)
- um punhado de pistaches sem casca

Lave bem a abóbora antes de descascá-la. Coloque a casca na panela de pressão, cubra com água e cozinhe por 15 minutos, contados a partir do momento em que a panela começar a chiar. Espere a panela expelir todo o vapor, retire as cascas com uma escumadeira e passe pelo espremedor de batata. Aqueça o leite e, quando levantar fervura, junte o creme de casca de abóbora, as raspas de limão e o mel. Ferva por 10 minutos, desligue e deixe esfriar. Acrescente o ágar, previamente hidratado em água fria e coado, e incorpore ao creme de casca de abóbora. Despeje a mistura, às colheradas, em forminhas individuais (se preferir, coloque em uma fôrma grande). Leve à geladeira e deixe esfriar por, pelo menos, 2 horas. Antes de servir, decore com os pistaches grosseiramente picados.

SALADA RUSSA DE COUVE-FLOR E BRÓCOLIS

ECOPOLPETTONE EM CROSTA

PARA DATAS FESTIVAS

São muitos os dias festivos em que as famílias costumam se reunir. Nessas ocasiões, cozinha-se muito – come-se ainda mais – e se produz uma grande quantidade de resíduos. Por que não levar à mesa pratos suntuosos preparados com o que costuma ser dispensado, como cascas e folhas externas? Seus convidados vão se deliciar e você vai reduzir o desperdício na cozinha e economizar.

MINILASANHA DE FOLHAS DE ERVA-DOCE

SALADA RUSSA DE COUVE-FLOR E BRÓCOLIS

INGREDIENTES
- 2 cenouras
- talos e folhas de 1 brócolis e de 1 couve-flor
- 1 ovo
- 125 g de iogurte
- 100 g de maionese
- 1 colher (sopa) de vinagre
- 2 colheres (sopa) de azeite de oliva extra virgem, mais um pouco para untar
- sal e pimenta-do-reino a gosto

Corte as cenouras, os talos e as folhas de brócolis e de couve-flor em cubinhos. Cozinhe as hortaliças no vapor, se possível em uma panela de bambu própria, encontrada em lojas de produtos orientais ou na internet, aproveitando o vapor de uma panela que esteja no fogo.
Coloque o ovo inteiro em uma panelinha, cubra com água e deixe cozinhar por 8 minutos depois que começar a ferver. Mergulhe o ovo em água fria e depois descasque.
Em uma tigela, misture o iogurte, a maionese, o vinagre e o azeite e tempere com sal e pimenta-do-reino a gosto. Pique o ovo e adicione a essa mistura. A seguir, coloque as hortaliças cozidas no vapor em uma fôrma levemente untada com azeite e misture. Mantenha na geladeira. Na hora de levar à mesa, é só desenformar e decorar a gosto.

MINILASANHA DE FOLHAS DE ERVA-DOCE

INGREDIENTES
- folhas externas e ramagem de 4 ervas-doces
- 4 colheres (sopa) de azeite de oliva extra virgem
- 3 colheres (sopa) de farinha de trigo
- ½ litro de leite sem lactose (ou bebida à base de arroz ou de soja)
- sal, pimenta-do-reino e noz-moscada a gosto
- 200 g de queijo parmesão

Cozinhe as folhas externas e a ramagem das ervas-doces no vapor, de preferência em uma panela de bambu própria, aproveitando o vapor de alguma panela que esteja no fogo; assim você economiza energia.
Enquanto isso, prepare o molho bechamel vegetariano: coloque o azeite em uma panela e leve ao fogo baixo. Adicione a farinha e, sem parar de mexer, deixe cozinhar por 4 a 5 minutos até ela dourar. Despeje o leite em fio. Misture bem e tempere com sal, pimenta-do-reino e noz-moscada ralada na hora. Deixe cozinhar por cerca de 8 minutos ou até engrossar, e reserve.
Preaqueça o forno a 180 °C. Unte uma fôrma refratária, cubra o fundo com uma camada de folhas de erva-doce e espalhe algumas colheradas do molho bechamel. Continue formando camadas. Procure posicionar as folhas de erva-doce umas sobre as outras, para facilitar na hora de cortar porções individuais e servir. Polvilhe o queijo parmesão ralado na hora. Asse por 30 minutos.

ECOPOLPETTONE EM CROSTA

INGREDIENTES
- talos e folhas de 4 brócolis ou de 4 couves-flores (cerca de 500 g)
- 1 dente de alho picado
- sal e pimenta-do-reino a gosto
- 1 ovo inteiro, mais 1 gema e 1 clara separadas
- um punhado de queijo parmesão ralado
- 1 fatia de pão amanhecido
- farinha de rosca para empanar
- 1 colher (sopa) de azeite de oliva extra virgem, mais um pouco para refogar
- 1 xícara (chá) de vinho branco (ou cerveja)
- 3 conchas de caldo de legumes

Para a crosta de massa folhada:
- 150 g de farinha de trigo
- 75 g de gordura vegetal não hidrogenada em temperatura ambiente
- sal a gosto

O polpettone de sobras fica ainda mais especial coberto com uma massa folhada crocante: um prato perfeito para um dia de festa. No dia a dia, você pode servi-lo sem a crosta, e o sabor será tão bom quanto o do polpettone "embrulhado" para festa.
Comece preparando a massa folhada. Faça um monte com a farinha e, no centro, coloque a gordura, uma pitada de sal e 50 ml de água filtrada gelada. Amasse até obter uma massa lisa e deixe descansar na geladeira por, pelo menos, 15 minutos. Abra a massa com o rolo sobre uma superfície enfarinhada. Deixe descansar por mais 15 minutos, dobre-a ao meio e abra novamente em sentido contrário. Dobre outras 5 ou 6 vezes, sempre a intervalos de 15 minutos. Deixe a massa na geladeira até a hora de utilizar.
Pique grosseiramente os talos e as folhas de brócolis ou de couve-flor. Cozinhe na panela de pressão por 15 minutos. Escorra e refogue em uma frigideira com azeite e o alho picado. Tempere com sal e pimenta-do-reino moída na hora e deixe esfriar. Passe os talos refogados para uma tigela, junte o ovo inteiro e a gema, o queijo parmesão e a fatia de pão esmigalhada. Misture bem e acerte o sal, se necessário. Forme um polpettone com as mãos. Passe-o na farinha de rosca.
Em uma panela de pressão, aqueça o azeite e doure o polpettone de todos os lados. Regue com o vinho branco (ou a cerveja). Deixe o álcool evaporar em fogo alto, adicione o caldo de legumes e tampe a panela de pressão. Deixe cozinhar em fogo baixo por mais 15 minutos, contados a partir do momento em que a panela começar a chiar. Retire o polpettone da panela e deixe esfriar. Reserve o caldo de cozimento.
Preaqueça o forno a 200 ºC. Abra a massa folhada com o rolo, até ficar com 8 mm de espessura. Coloque o polpettone frio no centro e envolva inteiramente com a massa. Com as sobras de massa, corte tiras compridas e decore a parte de cima do polpettone. Pincele com a clara reservada levemente batida. Asse por cerca de 15 minutos ou até a crosta ficar dourada. Sirva em fatias, acompanhado de uma salada de folhas coloridas. Leve o caldo de cozimento à mesa em uma molheira.

EM FRENTE À TV

De vez em quando é um verdadeiro prazer poder saborear um jantar informal sentado no sofá, assistindo a um filme. Justamente por não ser um hábito, pode ser uma forma divertida de relaxar. Os pratos escolhidos devem ser econômicos, saudáveis e degustados sem precisar de talheres.

SANDUÍCHE DE CROSTAS EMPANADAS E FOLHAS DE BETERRABA

LEGUMES COM DIP PICANTE DE IOGURTE

INGREDIENTES
- 1 pepino
- 2 cenouras
- 2 talos de salsão
- 8 rabanetes
- 4 palitos de dente
- 1 pimentão (opcional)

Molho de iogurte:
- casca de 1 pepino
- 350 g de iogurte natural
- 1 dente de alho
- azeite de oliva extra virgem a gosto
- suco de ½ limão-siciliano
- 1 colher (chá) de páprica
- sal a gosto

Lave bem todos os legumes, pois eles não serão descascados. Descasque o pepino e reserve a casca. Corte a cenoura, o salsão e o pepino em palitos do mesmo tamanho. Espete 2 rabanetes em cada palito de dente. Corte o pimentão em tiras. Prepare o molho: no liquidificador, bata a casca do pepino junto com o iogurte, o alho, um fio de azeite, o suco de limão e a páprica. Acerte o sal. Arrume nos copos os palitos de legumes, as tiras de pimentão e os espetinhos de rabanete. Sirva com o molho de iogurte à parte.

SANDUÍCHE DE CROSTAS EMPANADAS E FOLHAS DE BETERRABA

INGREDIENTES
- 320 g de crostas de queijo (prefira queijos duros, como o parmesão)
- caldo de legumes (ou água do cozimento de verduras) para cozinhar
- 1 ovo
- farinha de rosca para empanar
- 3 colheres (sopa) de azeite de oliva extra virgem
- 1 dente de alho picado
- folhas de 4 beterrabas
- sal e pimenta-do-reino a gosto
- 8 fatias de pão de fôrma

Raspe a camada externa das crostas do queijo. Coloque na panela de pressão junto com o caldo de legumes ou a água do cozimento de outras verduras. Cozinhe por cerca de 10 minutos, contados a partir do momento em que a panela começar a chiar. Dessa forma, as crostas vão amolecer e o caldo ficará ainda mais saboroso para entrar em outros preparos. Coe e seque as crostas. Corte-as em forma de triângulo. Em uma tigela, bata o ovo. Passe as crostas pelo ovo batido e depois pela farinha de rosca e reserve.

Em uma frigideira, aqueça 1 colher (sopa) de azeite e doure o alho por 1 minuto. Junte as folhas de beterraba e tempere com sal e pimenta-do-reino a gosto. Salteie por alguns minutos e reserve. Na mesma frigideira, aqueça o restante do azeite e doure as crostas empanadas de ambos os lados. Aqueça o pão no forno e monte o sanduíche: sobre uma das metades, coloque uma crosta de queijo empanada e folhas de beterraba salteadas; cubra com a outra metade.

ECOPICOLÉS

INGREDIENTES
PARA 8 PICOLÉS
- 1 xícara (chá) de água filtrada
- 2 colheres (sopa) de açúcar mascavo
- bagaço de 4 copos de suco de frutas
- suco de ½ limão-siciliano

Em uma panela pequena, coloque a água e o açúcar mascavo. Deixe ferver por cerca de 5 minutos, desligue o fogo e espere esfriar. Enquanto isso, retire do processador ou do extrator de sucos o bagaço das frutas e coloque numa tigela. Junte o suco de limão e a calda fria e misture. Despeje a mistura em fôrmas de picolé e coloque no freezer por pelo menos 6 horas, antes de consumir.

TUDO CRU

É importante consumir frutas e verduras cruas e, de vez em quando, vale a pena fazer uma refeição quase inteiramente crua, como no cardápio proposto aqui. Além de serem muito ricos em vitaminas e fibras, os pratos requerem pouquíssima energia elétrica na hora do preparo, muito menos do que a energia necessária para preparar uma refeição tradicional.

SALADA DE TALOS DE BRÓCOLIS, PÉTALAS, VINAGRE BALSÂMICO E LASCAS DE QUEIJO

GASPACHO DE TALOS DE ASPARGO

INGREDIENTES
- 350 g de talos de aspargo
- 60 g de folhas de salsão
- 300 ml de água filtrada
- 1 dente de alho
- 1 cebolinha
- 1 colher (sopa) de azeite de oliva extra virgem, mais um pouco para servir
- 1 colher (sopa) de suco de limão-siciliano
- sal e páprica a gosto
- pimenta-do-reino a gosto

Raspe os talos dos aspargos com um cortador de legumes e corte em pedaços pequenos. Bata no processador com as folhas de salsão, a água, o alho, a cebolinha, o azeite e o suco de limão. Tempere com sal e páprica a gosto. Você pode conservar as sobras dos talos de aspargo para preparar uma farinha de aspargo (use a receita de farinha de alcachofra, ver p. 220).
Divida a mistura entre quatro pratos, regue com um fio de azeite e polvilhe pimenta-do-reino moída na hora. Gosto muito de apreciar este prato sem coar, mas, se você preferir um creme com menos fibras, coe em uma peneira antes de servir. Você ficará surpreso com a doçura do aspargo! Uma última sugestão: se encontrar abacate orgânico, adicione metade ao gaspacho: ele vai ficar ainda mais cremoso!

SALADA DE TALOS DE BRÓCOLIS, PÉTALAS, VINAGRE BALSÂMICO E LASCAS DE QUEIJO

INGREDIENTES

- 300 g de talos de brócolis
- 100 g de lascas de queijo de sua preferência
- 1 capuchinha orgânica
- azeite de oliva extra virgem a gosto
- vinagre balsâmico a gosto
- sal e pimenta-do-reino a gosto

Cozinhe os talos de brócolis no vapor por 5 minutos. Com a ajuda de um mandoline, corte-os em fatias bem finas e distribua entre quatro pratos. Disponha as lascas de queijo por cima e decore com pétalas de capuchinha. Regue com um pouco de azeite e gotas de vinagre balsâmico e tempere com sal e pimenta-do-reino moída na hora.

SORBET CUSTO ZERO

INGREDIENTES

- 130 g de açúcar
- 250 ml de água filtrada
- 200 g de bagaço de suco de frutas variadas
- 1 clara
- folhas de hortelã frescas para servir

Você vai precisar do bagaço de cerca de 3 a 4 copos de suco. Recolha o bagaço que sobrar no processador ou no extrator de sucos. Use, por exemplo, morangos, maçãs e peras inteiras (descarte apenas as sementes), cenouras, um limão-siciliano sem a casca e um kiwi.
Em uma panelinha, dissolva o açúcar na água e deixe ferver por 5 minutos. Quando a calda esfriar, adicione à polpa. Bata a clara em neve e incorpore delicadamente à mistura. Leve ao freezer e misture 3 ou 4 vezes a cada hora. Deixe no freezer até ficar firme. Na hora de servir, decore com a hortelã fresca.

PIQUENIQUE

Atualmente, os piqueniques se tornaram raros, mas, quando posso, me dou o prazer de desfrutar um prato saboroso ao ar livre. Às vezes me contento em ir até o parque mais próximo de casa, mesmo que o cardápio mereça uma paisagem campestre.

SANDUÍCHE DE PATÊ DE SARDINHA E FOLHAS DE RABANETE

TORTA DE VAGENS DE FAVAS E QUEIJO PECORINO

INGREDIENTES
- vagens de 1 kg de favas
- 150 g de queijo pecorino em lascas
- 2 cebolinhas
- 1 colher (sopa) de azeite de oliva extra virgem
- 2 batatas cozidas
- 1 pimentão vermelho
- sal e pimenta-do-reino a gosto
- 6 ovos
- ½ xícara (chá) de leite
- manteiga para untar
- farinha de rosca para polvilhar

Elimine o cabinho e os filamentos das vagens. Escalde-as por 5 minutos em água fervente. Escorra, seque e corte em pedaços médios.
Pique a cebolinha e refogue ligeiramente na frigideira com o azeite. Depois de alguns minutos, junte as vagens e salteie. Adicione as batatas e o pimentão cortados em cubinhos. Tempere com sal e pimenta-do-reino moída na hora e salteie por cerca de 2 minutos. Em uma tigela, bata os ovos com o leite. Tempere com sal e pimenta-do-reino a gosto. Quando os vegetais esfriarem completamente, junte os ovos batidos.
Preaqueça o forno a 180 °C. Unte uma assadeira e polvilhe a farinha de rosca. Despeje a mistura de ovos e vegetais e nivele a superfície. Asse por 30 minutos. Se preferir, cozinhe a torta em fogo baixo em uma frigideira alta e com fundo espesso. No fogão, cuide para que a torta cozinhe por igual. Deixe-a esfriar e transfira para um recipiente com tampa. A torta está pronta para ser saboreada ao ar livre!

SANDUÍCHE DE PATÊ DE SARDINHA E FOLHAS DE RABANETE

INGREDIENTES
- 2 sardinhas em conserva de óleo
- um punhado de alcaparras em conserva de vinagre
- 2 filés de anchova em conserva de azeite
- 4 colheres (sopa) de azeite de oliva extra virgem
- suco de ½ limão-siciliano
- sal e pimenta-do-reino a gosto
- 4 pães para sanduíche (à sua escolha)
- folhas de 1 maço de rabanete

A sardinha, tanto fresca como em conserva, é uma alternativa sustentável ao atum. Nesta versão, o patê de sardinha é valorizado ao máximo e o rendimento é ótimo.
No processador, bata as sardinhas drenadas, as alcaparras escorridas, as anchovas, o azeite e o suco de limão até obter uma mistura cremosa. Prove e tempere com sal e pimenta a gosto. Espalhe o patê sobre 4 fatias de pão. Coloque as folhas de rabanete por cima e regue com um fio de azeite. Cubra o sanduíche com a outra metade do pão. Guarde os sanduíches em um recipiente bem fechado ou em saquinhos de papel, e eles estão prontos para serem colocados na cesta de piquenique.

BROWNIES DE PÃO E CHOCOLATE

INGREDIENTES
- 150 g de pão amanhecido
- ½ xícara (chá) de leite
- 100 g de manteiga, mais um pouco para untar
- 180 g de açúcar mascavo
- 150 g de chocolate (as sobras de ovo de Páscoa são perfeitas)
- 2 ovos
- 80 g de farinha de trigo
- uma pitada de sal
- 1 colher (sopa) de fermento em pó

Esta receita é uma forma muito gostosa de usar o pão amanhecido e aproveitar sobras de ovos de Páscoa.
Em uma tigela, coloque o pão partido em pedaços e o leite, e deixe amolecer.
Em uma panelinha, derreta em fogo baixo a manteiga com o açúcar e o chocolate cortado em pedacinhos. Misture até obter um creme homogêneo. Desligue o fogo e deixe amornar.
Incorpore os ovos ligeiramente batidos, a farinha e o sal. Junte a mistura de leite e pão e, por último, o fermento.
Preaqueça o forno a 180 ºC. Despeje a massa em uma fôrma retangular untada com manteiga. Asse por 35 minutos. Deixe descansar por cerca de 10 minutos antes de desenformar e cortar.

CHARLOTE DE PÃO E MAÇÃ

CREPES COM MUSSE DE TALOS DE ASPARGO

JANTAR EM FAMÍLIA

Você também pode oferecer pratos sustentáveis a seus familiares. Eles vão fazer bonito sem pesar no bolso. Os escolhidos para este cardápio são clássicos e sofisticados, e todos ficarão surpresos em saber que foram preparados com talos e cascas de frutas e hortaliças.

QUENELLES DE TALOS DE ALCACHOFRA E BATATA

QUENELLES DE TALOS DE ALCACHOFRA E BATATA

INGREDIENTES PARA 6 PESSOAS
- talos e folhas externas de 4 alcachofras
- 3 batatas cozidas
- 1 colher (chá) de mostarda
- um punhado de alcaparras em conserva
- 2 colheres (sopa) de azeite de oliva extra virgem
- sal e pimenta-do-reino a gosto
- salsinha picada e amêndoas para decorar

Raspe os talos das alcachofras. No vapor, cozinhe as folhas externas por 15 minutos e os talos por 10 minutos. Se tiver panelas no fogo, aproveite o vapor. Dê preferência às panelas de bambu para cozimento a vapor (você encontra em lojas de produtos orientais).

Coloque as batatas no espremedor de batatas e amasse sobre uma tigela. Junte a mostarda, as alcaparras picadas e o azeite e misture. Adicione os talos cozidos e mexa com delicadeza. Tempere com sal e pimenta-do-reino moída na hora.

Seque as folhas de alcachofra cozidas e arrume formando uma estrela de seis pontas em pratos individuais. Usando duas colheres, modele os quenelles com a massa de batata e talos e coloque sobre as folhas de alcachofra. Decore com salsinha e finalize com um fio de azeite. Se quiser, finalize espalhando lâminas de amêndoas ligeiramente tostadas em uma frigideira (não é preciso colocar óleo).

CREPES COM MUSSE DE TALOS DE ASPARGO

INGREDIENTES PARA 6 PESSOAS
- talos de 1 maço de aspargos
- 2 colheres (sopa) de manteiga, mais um pouco para pincelar
- sal e pimenta-do-reino a gosto
- 150 g de queijo brie
- 250 g de farinha de trigo
- 500 ml de leite
- 3 ovos

Corte os talos em fatias e cozinhe no vapor por 5 minutos. Em uma frigideira, derreta a manteiga e refogue os talos de aspargos. Tempere com sal e pimenta-do-reino moída na hora e salteie por alguns minutos. Triture os talos no passa-legumes ou no processador. Misture o queijo brie ao creme de aspargos e reserve.
Em uma tigela, coloque a farinha e uma pitada de sal. Aos poucos, derrame o leite, mexendo sempre, até virar uma massa homogênea. Junte os ovos batidos, misture bem usando o batedor manual e deixe a massa descansar por cerca de 30 minutos na geladeira.
Leve ao fogo uma frigideira antiaderente pincelada com manteiga. Quando estiver quente, despeje uma concha pequena de massa. Incline a frigideira para distribuir bem a massa por toda a superfície. Deixe cozinhar por 1 minuto, sacudindo a frigideira de vez em quando. Vire o crepe assim que o fundo se soltar da frigideira. Mantenha os crepes aquecidos enquanto repete o procedimento até terminar a massa.
Coloque duas colheradas de creme de aspargos no centro do crepe, dobre ao meio e depois outra vez ao meio e distribua entre os pratos. Se quiser preparar com antecedência, coloque os crepes em uma fôrma refratária e, antes de levar à mesa, polvilhe queijo parmesão ralado na hora e deixe gratinar alguns minutos sob o grill.

CHARLOTE DE PÃO E MAÇÃ

INGREDIENTES PARA 6 PESSOAS
- 2 colheres (sopa) de manteiga
- 300 g de bagaço de maçã (cerca de 10 maçãs inteiras)
- 70 g de açúcar
- raspas de 1 limão-siciliano
- 200 g de pão amanhecido
- 1 xícara (chá) de leite
- 2 colheres (sopa) da geleia de sua preferência
- chantili, raspas de chocolate e paus de canela para decorar

Em uma panela, derreta a manteiga e adicione o bagaço das maçãs. Junte o açúcar e as raspas de limão e cozinhe em fogo brando. Espere esfriar.
Coloque o pão em um recipiente e regue com o leite. Quando amolecer, retire o pão e corte em quadrados com a altura das forminhas. Adicione o leite que restou no recipiente ao bagaço cozido na panela. Cozinhe em fogo brando por mais 5 minutos e desligue. Preaqueça o forno a 180 ºC. Unte seis ramequins com manteiga e forre o fundo e as paredes com o pão amolecido. No meio, arrume a mistura de maçã e leite e pressione um pouco. Asse por 35 minutos. Retire do forno, sirva morno com uma colherada de chantili e a geleia escolhida. Decore com raspas de chocolate e um pau de canela.

BLINIS DE TALOS DE ASPARGO COM MUSSE DE SALMÃO

MEXILHÕES COM CREME DE VAGENS E CRUMBLE

ENFIM SÓS

Para um jantar a dois, o cardápio tem de ser surpreendente, leve, saudável e – por que não – ecologicamente correto. Procure se lembrar destes pratos em datas especiais, como o Dia dos Namorados. Logicamente pensei em porções para duas pessoas.

TRUFAS CÍTRICAS

BLINIS DE TALOS DE ASPARGO COM MUSSE DE SALMÃO

INGREDIENTES PARA 2 PESSOAS
- 300 g de talos de aspargo
- 1 ovo, clara e gema separadas
- 80 g de farinha de trigo
- 1 colher (chá) de fermento em pó
- azeite de oliva extra virgem
- sal

Para a musse:
- 150 g de salmão defumado
- 100 g de queijo de cabra
- cebolinha verde a gosto
- azeite de oliva extra virgem a gosto
- sal e pimenta-do-reino a gosto
- 2 ovos

Prepare os blinis: corte os talos de aspargo em fatias e cozinhe no vapor por 10 minutos. Triture no passa-legumes ou no processador até virar um creme. Junte a gema ao creme de talos e misture. Incorpore aos poucos a farinha e o fermento. Cubra a tigela com um pano limpo e seco e deixe descansar por cerca de 15 minutos. Passado esse tempo, bata a clara em neve com uma pitada de sal e incorpore delicadamente à massa de aspargos.
Unte levemente com azeite uma frigideira para preparar os blinis e leve ao fogo. Quando estiver bem quente, despeje uma colherada da massa. Quando dourar de um lado, vire e deixe dourar do outro lado. Mantenha os blinis aquecidos.
Para fazer a musse, triture o salmão no processador. Passe para um recipiente e misture à mão o queijo de cabra e a cebolinha picada. Regue com um fio de azeite e tempere com sal e pimenta-do--reino moída na hora. Em outra tigela, bata as claras em neve, junte as gemas e incorpore delicadamente essa mistura à massa de salmão e queijo. Acerte o sal. Distribua os blinis em pratos de servir e, com a ajuda de um saco de confeitar, modele ao lado a musse de salmão.

MEXILHÕES COM CREME DE VAGENS E CRUMBLE

INGREDIENTES PARA 2 PESSOAS
- 400 g de vagens de ervilha
- 1 cebolinha
- 2 colheres (sopa) de azeite de oliva extra virgem
- um punhado de mexilhões limpos
- 500 ml de caldo de legumes
- 1 fatia de pão amanhecido
- sal e pimenta-do-reino a gosto

Tire o cabinho e os filamentos das vagens. Retire as ervilhas e guarde para outro preparo. Lave bem as vagens e pique-as. Em uma panela de pressão, refogue a cebolinha picada com metade do azeite. Depois de alguns minutos, adicione as vagens picadas e refogue. Em uma frigideira, coloque o restante do azeite e os mexilhões. Leve ao fogo e deixe até que se abram. Reserve os mexilhões e adicione a água que soltaram às vagens juntamente com o caldo de legumes. Tampe a panela e deixe cozinhar por mais 15 minutos, contados a partir do momento em que a panela começar a chiar. Enquanto isso, prepare o crumble: bata no processador o pão com um fio de azeite até obter uma farofa grossa. Toste essa farofa na frigideira até dourar e tempere com sal e pimenta.
Triture as vagens cozidas no caldo de legumes com o passa-legumes ou com o processador. Acerte o tempero e despeje o creme em duas cumbucas. Coloque os mexilhões abertos e espalhe o farelo de pão sobre o creme de vagens. Regue com um fio de azeite.

TRUFAS CÍTRICAS

INGREDIENTES PARA 2 PESSOAS
- casca de 1 laranja
- 100 g de chocolate picado
- 50 g de manteiga
- 2 colheres (sopa) de cacau em pó
- 2 colheres (sopa) de farinha de cítricos (ver p. 218)

Triture a casca da laranja e reserve.
Em uma panelinha, derreta o chocolate junto com a manteiga em fogo bem baixo. Junte a casca de laranja. Quando amornar, leve à geladeira por 15 minutos.
Passado esse tempo, retire a massa da geladeira e faça as trufas (elas podem ser modeladas com as mãos, com a ajuda de duas colheres médias ou de um saco de confeitar). Coloque as trufas sobre uma travessa forrada com papel-manteiga e deixe na geladeira para firmar (cerca de uma hora e meia).
Quando estiverem firmes, passe cada uma pelo cacau e pela farinha de cítricos (como mostra a foto da p. 211). Conserve em local fresco ou na geladeira, em recipiente tampado. Na hora de servir, decore o prato com pedaços de casca de laranja cristalizada.

ECO PRESENTES

Neste capítulo, você encontrará muitas receitas de conservas, doces e até mesmo bases para preparar receitas deliciosas, a custo quase zero. Originais e inusitadas, elas são perfeitas para presentear a família e os amigos. E o mais importante: além de economizar, você vai reduzir o desperdício e distribuir muita felicidade em forma de gostosuras.

BASES

VEGETAIS GRANULADOS (100% DE CASCAS)

INGREDIENTES
- cascas de cenoura
- folhas externas e raízes de cebola
- folhas de salsão
- pele de tomate
- pele de pimentão
- manjericão
- salsinha
- 1 dente de alho
- sal grosso (metade do peso total dos vegetais)

Cenoura, cebola e salsão compõem a base deste preparado. Dependendo da estação, enriqueça com outros ingredientes. Lave bem as hortaliças e conserve no freezer até ter a quantidade suficiente para esta receita. Corte grosseiramente as cascas, a pele de tomate e de pimentão e as folhas. Refogue os vegetais na panela com as ervas e o sal. Se quiser, adicione algumas algas, assim o granulado ficará ainda mais saboroso. Quando todo o líquido produzido pelos vegetais tiver evaporado, coloque tudo em um desidratador doméstico, espalhando bem a mistura. Se não tiver, desidrate sob o sol, no forno ou, ainda, no micro-ondas (sempre em potência baixa e,

lembre-se, fique de olho). Sob o sol, pode levar até 2 dias; no desidratador doméstico, cerca de 6 horas; no forno a 75 °C, 4 horas devem bastar. Quando os vegetais estiverem totalmente desidratadas, bata no processador, até virarem um pó grosso. Os vegetais granulados podem ser conservados por até 6 meses em recipientes de vidro hermeticamente fechados ou até um ano em embalagens fechadas a vácuo. Use para dar sabor ao arroz e aos refogados e para enriquecer caldos e sopas.

COGUMELOS GRANULADOS

INGREDIENTES
· pés e sobras de chapéu de 500 g de cogumelos
· 1 colher (sopa) de sal

Com uma escovinha, tire a terra ou o composto orgânico dos talos e das sobras dos chapéus de cogumelos. Você também pode mantê-los no freezer até obter a quantidade suficiente. Coloque tudo em uma panela com o sal e deixe cozinhar até a água que os talos soltarem evaporar bem. Coloque para secar. Escolha uma técnica de desidratação: forno convencional, desidratador doméstico, micro-ondas ou sob o sol. Se utilizar o forno, regule a temperatura a 75 °C. Dependendo da técnica, pode levar de 4 horas a 2 dias (sob o sol). Quando os cogumelos estiverem completamente desidratados, bata no processador até obter um pó de médio a fino. Conserve em recipientes de vidro herméticos ou saquinhos fechados a vácuo. Utilize-o para preparar nhoques, temperar sanduíches com cogumelos e enriquecer massas (tortelli ou tagliatelle são perfeitos). Os cogumelos granulados emprestam aquele sabor rústico, inconfundível, aos pratos.

VEGETAIS EM FLOCOS

INGREDIENTES
· cascas de 1 kg de cenoura
· folhas e pontas de 1 salsão
· cascas e camada externa de 1 kg de cebola
· parte verde de 1 kg de alho-poró
· 2 colheres (sopa) de vinagre

Escalde as hortaliças em água quente com vinagre por 1 minuto. Escorra, passe em água fria e seque. Corte tudo bem miúdo e desidrate. Se a rede do desidratador for muito aberta, coloque as hortaliças picadinhas sobre

217

um pedaço de papel-manteiga depois de fazer furos minúsculos. Deixe secar até desidratar completamente. Divida em porções e coloque em sacos plásticos, potinhos de vidro ou em embalagens fechadas a vácuo. Para presentear, decore os potinhos como preferir e coloque uma etiqueta – "Vegetais em flocos" – e a data de validade (calcule 6 meses no caso de sacos plásticos e embalagens de vidro e 1 ano para embalagens fechadas a vácuo). Os flocos de vegetais podem ser utilizados como base para molhos ou sopas: aqueça 1 colher (sopa) de azeite, junte algumas colheradas de flocos de vegetais, reidrate com água e cozinhe em fogo baixo. Com o caldo obtido, você pode preparar inúmeras receitas.

FARINHA DE CÍTRICOS

INGREDIENTES
· 1 kg de cascas de laranja e/ou limão-siciliano

Junte cascas de cítricos à medida que for usando e guarde-as no freezer, se não for utilizá-las em até 2 dias. Corte as cascas em cubinhos e desidrate. No forno convencional, seque a 70 ºC por 4 a 5 horas. Quando tiverem perdido toda a água, bata no processador até virar pó. Conserve em sacos plásticos ou potes de vidro. Utilize para dar um toque aromático de cítricos em doces, pratos principais ou acompanhamentos.

CASCAS DE LIMÃO AO SAL

INGREDIENTES
- 1 kg de cascas de limões-sicilianos já espremidos
- 300 g de sal grosso

Sempre que espremer limões para utilizar o suco, conserve as cascas e guarde no freezer em um recipiente bem tampado. Quando tiver a quantidade suficiente, é só descongelar. É importante utilizar limões cultivados sem agrotóxicos. Corte as cascas em cubos não muito pequenos, coloque em uma tigela, misture o sal grosso, distribua em potinhos e tampe bem. Deixe descansar por duas semanas antes de utilizar. Essas cascas podem entrar em receitas que levam hortaliças e verduras e vão enriquecer incrivelmente o sabor. A receita tradicional marroquina de limões no sal usa a fruta inteira, mas esta "versão reciclada" não deixa nada a dever à original. Portanto, aventure-se, faça pratos da cozinha árabe e descubra novos usos para as cascas de limão ao sal.

PELE DE TOMATE SECA

INGREDIENTES
- pele de 1 kg de tomate orgânico

Antes de retirar a pele, mergulhe os tomates em água fervente por alguns minutos. Utilize a polpa como preferir. Desidrate a pele utilizando o método que preferir (sob o sol, em um desidratador doméstico, no micro-ondas ou no forno convencional). Isso vai levar 1 dia inteiro sob sol pleno; 4 horas no desidratador; 3 horas no forno à temperatura média de 80 °C. Quando estiver completamente desidratada, triture grosseiramente em um pilão. Conserve os flocos de pele de tomate em potinhos herméticos. Utilize para dar gosto e/ou decorar pratos. Tendo por base esta receita, experimente secar pele de pimentão, que combina com sopas, saladas etc.

FARINHA DE CEBOLA

INGREDIENTES
· cascas de 1 kg de cebola
· sal

Nesta receita, utilize as camadas externas da cebola ou aproveite a safra das cebolas. Coloque as cascas em uma panela, acrescente 3 colheres (sopa) de água e uma pitada de sal. Cozinhe em fogo baixo até a água evaporar. Desidrate tudo escolhendo o método preferido: no forno convencional ou de micro-ondas, no desidratador doméstico ou sob o sol. É importante que a desidratação seja lenta e prolongada, até a completa evaporação da umidade. Quando as cascas estiverem completamente desidratadas, triture no processador, até obter uma farinha fina. Guarde em um pote hermético. A farinha de cebola é ideal para preparar sanduíches, focaccias e tortas, assados, massas frescas, e ainda pode ser misturada à farinha de trigo para enriquecer diversas receitas.

FARINHA DE ALCACHOFRA

INGREDIENTES
· 1 kg de folhas externas de alcachofra
· 2 dentes de alho inteiros
· sal

Toda vez que preparar alcachofras, guarde as folhas externas no freezer. Quando tiver juntado a quantidade suficiente, não deixe de preparar esta receita. Cozinhe as folhas na panela de pressão com um pouco de água, o alho e o sal por 20 minutos, contados a partir do momento em que a panela começar a chiar. Disponha as folhas e o alho numa assadeira, leve ao forno e desidrate a 80 °C por cerca de 5 horas, até as folhas perderem toda a umidade. Triture no processador, até virar um pó fino. Conserve em uma embalagem fechada a vácuo ou em recipientes bem tampados. O resultado é uma farinha concentrada de alcachofra, que pode ser usada para realçar o sabor de pratos à base de alcachofra.

FARINHA DE VAGENS

INGREDIENTES
· vagens de 3 kg de ervilhas

Retire as ervilhas, lave as vagens. Utilize as ervilhas como preferir. Corte o cabinho e dispense os fios das vagens. Cozinhe no vapor por cerca de 10 minutos. Desidrate da forma que preferir, mas é importante que o processo seja lento e prolongado, para eliminar toda a umidade. Você pode utilizar o forno tradicional ou de micro-ondas, um desidratador doméstico, ou ainda secar sob o sol. Quando as vagens estiverem completamente desidratadas, triture aos poucos no processador, até obter um pó bem fino. Guarde a farinha em sacos plásticos ou potes bem fechados. Se pretende dar de presente, não se esqueça de indicar o prazo de validade e de colocar uma etiqueta com os seguintes dizeres: "Farinha de vagens – ideal para sanduíches, focaccias e recheios". Quer um exemplo de uso? Ravióli com massa de vagens e recheio de ervilha, que tal?

CONSERVAS

CASCAS DE LARANJA COM MOSTARDA

INGREDIENTES
- cascas de 1 kg de laranja
- 400 ml de água filtrada
- 400 g de açúcar mascavo
- 12 gotas de óleo essencial de mostarda

Corte as cascas de laranja em fatias e branqueie desta forma: cozinhe em água fervente por 3 minutos, escorra, mergulhe imediatamente em água gelada e retire a seguir. Coloque as cascas em uma tigela.
Prepare a calda: em uma panela, coloque a água filtrada e o açúcar. Leve ao fogo e ferva por 5 minutos. Despeje a calda sobre as cascas e deixe descansar por uma noite. No dia seguinte, coe a calda e leve de volta ao fogo. Quando levantar fervura, despeje novamente sobre as cascas e deixe descansar

por mais uma noite. Repita o procedimento mais uma vez. No dia seguinte, ferva a calda e as cascas por 5 minutos. Junte o óleo essencial de mostarda e guarde em recipientes esterilizados. Feche os recipientes e vire de ponta-cabeça. Deixe assim por uma noite, depois guarde na despensa. Espere duas semanas antes de consumir.

COMPOTA DE ALHO-PORÓ

INGREDIENTES
- 300 g de partes verdes de alho-poró
- 70 g de açúcar mascavo
- 80 g de açúcar branco
- 3 colheres (sopa) de água filtrada
- suco de 1 limão-siciliano

Corte a parte verde dos alho-porós em fatias bem finas. Em uma panelinha, dissolva os dois tipos de açúcar na água e adicione o suco de limão. Acrescente o alho-poró e cozinhe em fogo baixo por uma hora, mexendo de vez em quando. Ao final desse tempo, a compota deverá estar levemente caramelizada. Despeje em um ou mais potinhos com tampas de rosca, previamente esterilizados por 15 minutos em água fervente. Feche bem e vire de ponta-cabeça. Deixe assim um dia inteiro para criar vácuo no interior do vidro. Fechada dessa forma, a compota pode ser conservada por até um ano. Depois de abrir, no entanto, consuma no máximo em duas semanas. Ainda não experimentei técnicas alternativas para a compota, usando o micro-ondas ou a panela de pressão, mas em breve farei isso. Se você já tentou, escreva-me!

CHUTNEY PICANTE DE MELANCIA

INGREDIENTES
- 1 kg de casca de melancia
- 1 cebola branca
- 1 colher (chá) de cominho
- 1 pimenta vermelha
- 200 g de açúcar mascavo
- 1 colher (sopa) de vinagre
- 100 ml de água filtrada
- sal a gosto

Nesta receita são usados todos os resíduos da melancia, ou seja, a polpa branca e a casca. Corte a casca em cubinhos. Coloque uma panela no fogo com a cebola picada, o cominho e a pimenta vermelha picada. Toste por 1 minuto e adicione a casca em cubinhos, o açúcar, o vinagre, a água e o sal. Cozinhe em fogo baixo por 40 minutos, depois coloque a mistura em recipientes esterilizados (no vapor do forno ou fervidos por, pelo menos, 15 minutos na água). Feche bem e deixe os vidros de ponta--cabeça por um dia inteiro. Deixe curtir 15 dias antes de consumir. O sabor agridoce deste chutney é ideal para acompanhar queijos maturados e panquecas.

223

GELEIA DE BAGAÇO DE FRUTAS

INGREDIENTES
- 600 g de bagaço de frutas variadas
- 400 g de açúcar mascavo
- casca e suco de 1 limão-siciliano
- 300 ml de água filtrada

Escolha as frutas que preferir, desde que sejam orgânicas e da estação. Você pode usar morangos, damascos, pêssegos, cerejas, ameixas etc. Se tiver muitas frutas maduras à disposição, pode fazer sucos para saborear imediatamente e utilizar o bagaço para esta geleia. Ao fazer os sucos, use também as cascas e os miolos das frutas (retire apenas as sementes e os caroços). Coloque o bagaço em uma panela com o açúcar, a casca ralada do limão-siciliano e a água. Deixe levantar fervura e cozinhe por cerca de 20 minutos. Enquanto isso, esterilize os vidros no forno ou em uma panela com água fervente por 15 minutos. Passados os 20 minutos, de cozimento, encha os potes, feche bem e vire de ponta-cabeça. Deixe assim por uma noite. No dia seguinte, guarde na despensa. Fechada, a geleia de bagaço de frutas pode durar até um ano. Uma vez aberta, conserve na geladeira e consuma rapidamente.

PATÊ DE ALHO-PORÓ

INGREDIENTES
- 400 g de folhas e talos de alho-poró
- 1 colher (sopa) de sal
- 4 dentes de alho
- 6 filezinhos de anchova em conserva de óleo
- 1 pimenta vermelha fresca
- 100 g de manteiga
- azeite de oliva extra virgem
- pimenta-do-reino

Coloque o alho-poró na panela de pressão, cubra com água, adicione o sal, tampe e cozinhe por 15 minutos, contados a partir do momento em que a panela começar a chiar. Retire o alho-poró com uma escumadeira. Use a água de cozimento para preparar um caldo de legumes ou uma sopa. Em uma panela, coloque um fio de azeite, o alho picado, as anchovas e a pimenta vermelha picada. Quando as anchovas desmancharem, acrescente o alho-poró. Cozinhe em fogo baixo por 10 minutos e triture no passa-legumes. Quando esfriar, misture a manteiga. Coloque em recipientes esterilizados (encha quase até a borda). Feche bem, envolva em um pano e coloque numa panela. Cubra com água e, quando levantar fervura, cozinhe por mais 30 minutos. Deixe esfriar, seque os recipientes e guarde na despensa. Fechado, pode durar até um ano. Esse patê combina com crostinis, torradas e até verduras cruas.

CASCAS DE LARANJA AO MEL

INGREDIENTES
- cascas de 10 laranjas
- 300 g de mel

Sempre que espremer laranjas para utilizar o suco, conserve as cascas mergulhadas em água fria. Se não vai usar imediatamente, guarde-as no freezer. Corte as cascas em fatias. Coloque em uma panela, cubra com água filtrada e deixe ferver por cerca de 5 minutos. Desligue o fogo, escorra as cascas e repita esse procedimento mais duas vezes. Na terceira, distribua as cascas sobre um pano e deixe secar. Para conseguir uma excelente secagem, coloque as cascas em um desidratador doméstico por meia hora. Encha recipientes de vidro com as cascas, pressione e despeje mel até cobrir. Para deixar o mel mais fluido, coloque o pote no micro-ondas por 20 segundos. Depois de despejar o mel, espere uns 10 minutos e vire os vidros de ponta-cabeça. Deixe assim por um dia e depois guarde na despensa. Espere 15 dias antes de usar estas cascas: elas são ideais para complementar sobremesas – sorvetes, bolos e cremes – e ainda para preparar tortas e biscoitos.

TALOS EM CONSERVA DE AZEITE E ERVAS

INGREDIENTES
- 500 g de talos de alcachofra
- 500 g de talos de salsão
- 200 ml de água filtrada
- 300 ml de vinagre de vinho branco
- 3 dentes de alho
- ervas aromáticas secas, como salsinha, manjericão, hortelã e melissa
- 300 ml azeite de oliva extra virgem de ótima qualidade

Com um descascador de legumes, raspe os talos de alcachofra e os de salsão. Corte tudo em palitos regulares. Ferva a água com o vinagre e escalde os talos por 3 minutos. Escorra-os (reserve a água) e divida-os entre os vidros previamente esterilizados por, pelo menos, 15 minutos em água fervente. Coloque 1 dente de alho em cada recipiente e as ervas aromáticas. Cubra com o azeite e pressione bem. Deixe descansar por alguns minutos, feche os vidros, envolva em um pano e coloque em uma panela. Cubra com a água reservada e deixe ferver por uma hora e meia. Espere esfriar, seque os recipientes e guarde na despensa.

PICLES DE HORTALIÇAS

INGREDIENTES
- 1 kg de talos e sobras de repolho, couve-flor, brócolis e couve
- 1 litro de vinagre
- 1 pau de canela
- 5 cravos-da-índia
- 5 grãos de pimenta-do-reino
- 200 g de sal

Corte os caules em palitos regulares e as demais partes em pedaços do mesmo tamanho. Coloque os legumes em uma tigela e cubra com o sal. Deixe descansar a noite toda na geladeira. No dia seguinte, enxágue para eliminar o sal e seque a seguir. Coloque em uma panela o vinagre e as especiarias e deixe ferver por alguns minutos. Desligue o fogo e espere amornar. Distribua as hortaliças entre vidros previamente esterilizados em água fervente por 15 minutos. Despeje o vinagre com as especiarias, tampe e guarde na despensa. Deixe curtir por, pelo menos, 2 semanas antes de consumir. Uma vez aberto, consuma em poucos dias.

PICLES DE ERVA-DOCE COM ZIMBRO E CANELA

INGREDIENTES
- 1 kg de folhas externas de erva-doce
- 500 ml de vinagre
- 500 ml de água filtrada
- 10 bagas de zimbro
- 4 paus de canela pequenos
- 4 colheres (sopa) de açúcar mascavo
- 1 colher (sopa) de sal
- pimenta-do-reino em grão a gosto

Lave a erva-doce e corte em palitos finos. Em uma panela coloque o vinagre, a água, o zimbro, a canela, o açúcar mascavo, o sal e a pimenta a gosto. Quando ferver, escalde a erva-doce por 5 minutos, coe e coloque em vidros esterilizados. Deixe a água com vinagre ferver por mais 15 minutos e despeje sobre a erva-doce, até quase chegar à borda. Feche bem, envolva os vidros em um pano e coloque numa panela. Cubra com água e ferva por 30 minutos. Deixe esfriar, seque os recipientes e guarde na despensa. Deixe curtir por um mês antes de consumir como aperitivo ou acompanhamento.

ENTRADAS E PETISCOS

SALADA INSTANTÂNEA

INGREDIENTES
- cascas de 1 kg de cenoura
- folhas externas de alface (geralmente, um pouco mais duras e danificadas)
- folhas de 1 maço de rabanete
- parte verde de 1 maço de cebolinha
- 10 tomates-cereja ou pera pequenos
- 1 cebola branca
- 1 cebola roxa
- 4 colheres (sopa) de vinagre

Lave e seque as cascas de cenoura, as folhas de alface e de rabanete, e a parte verde das cebolinhas. Escalde-as por 1 minuto em água fervente com o vinagre. A seguir, tire com uma escumadeira, delicadamente, estenda sobre um pano e deixe para secar. Corte as cebolas em fatias finas. Deixe os tomates inteiros. Coloque todas as verduras sobre a grade do desidratador doméstico e deixe até secarem. Os tomatinhos estarão prontos quando a pele começar a enrugar (eles

vão continuar suculentos por dentro). Coloque porções de verduras desidratadas dentro de saquinhos transparentes com esta etiqueta: "Salada instantânea – Tempere a gosto". Como esta salada não murcha como uma salada fresca, é possível temperar com antecedência – ela continuará saborosa. As verduras desidratadas são perfeitas para uma salada *delivery* e também para tê-las em uma gaveta da mesa, no trabalho. Quando der vontade, é só temperar e saborear.

CASCAS DE KIWI CRISTALIZADAS

INGREDIENTES
· cascas de 6 kiwis
· 200 ml de água filtrada
· 100 g de açúcar
· suco de 1 limão-siciliano

Lave e seque bem as cascas de kiwi. Prepare uma calda com a água e o açúcar. Ferva por cerca de 5 minutos. Mergulhe as cascas na calda e cozinhe por cerca de 5 minutos, escorra e regue com o suco de limão. Reserve a casca do limão para outras receitas, como por exemplo, cascas de limão ao sal (p. 219). Desidrate as cascas de kiwi usando a técnica que preferir: forno convencional ou de micro-ondas, desidratador doméstico ou, ainda, sob o sol. Qualquer que seja a técnica escolhida, serão necessárias de 4 a 6 horas para as cascas ficarem completamente desidratadas. As cascas de kiwi vão ficar doces e crocantes: perfeitas para beliscar ou serem servidas com chá ou café preto.

CASCAS DE BATATA CRISTALIZADAS

INGREDIENTES
· 300 g de casca de batata
· 300 g de açúcar
· 200 ml de água filtrada
· sal

Lave as cascas. Prepare a calda: dissolva 200 g do açúcar na água e acrescente uma pitada de sal. Deixe ferver por 5 minutos. Mergulhe as cascas na calda e cozinhe por 5 minutos. Coe e passe as cascas no açúcar restante, pressionando para aderir bem de todos os lados. Coloque no desidratador doméstico ou no forno convencional a 80 °C e deixe por 4 horas ou até as cascas ficarem crocantes. Conserve em potes ou sacos plásticos bem fechados.

229

CASCAS DE MAÇÃ E PERA CRISTALIZADAS

INGREDIENTES
- cascas de 1 kg de maçã e pera
- suco de 1 limão-siciliano
- 350 ml de água filtrada
- 150 g de açúcar

Descasque as maçãs e as peras e utilize a polpa como preferir. Mergulhe as cascas em água acidulada com metade do suco do limão. Leve uma panela ao fogo com a água e o açúcar e ferva por 5 minutos. Desligue o fogo e deixe esfriar. Adicione o restante do suco de limão e mergulhe as cascas nessa calda. Coe, coloque as cascas numa assadeira e deixe secar no forno convencional por 4 horas, a uma temperatura de 80 ºC. Se quiser, use o micro-ondas, controlando o tempo até ficarem crocantes. Guarde as cascas em sacos plásticos ou potinhos de vidro. Essas cascas são deliciosas para beliscar e também para decorar doces e sobremesas.

SEMENTES DE MELANCIA E DE MELÃO TOSTADAS E SALGADAS

INGREDIENTES
- sementes de 1 melancia
- sementes de 1 melão
- sal a gosto

Acostume-se a guardar as sementes das frutas conforme vão sendo consumidas. Tostadas, elas ficam deliciosas e crocantes, ideais para

adicionar em saladas, sopas ou simplesmente para beliscar.
Lave bem as sementes, retirando as fibras. Seque e toste na frigideira, em fogo baixo, polvilhadas com sal, salteando de vez em quando. Elas ficam no ponto em cerca de 10 minutos. Guarde em um recipiente bem tampado. Lembrete: as sementes de melancia têm propriedades laxativas, por isso, consuma com moderação.

PÉTALAS DE CASCAS DE PÊSSEGO CRISTALIZADAS

INGREDIENTES
· cascas de 1 kg de pêssego
· 200 ml de água filtrada
· 100 g de açúcar
· casca e suco de 1 limão-siciliano

Descasque os pêssegos pegando um pouco de polpa. Prepare uma calda com a água e metade do açúcar. Leve ao fogo e ferva por 5 minutos. Rale a casca do limão e reserve. Adicione o suco de limão à calda e junte as cascas de pêssego. Cozinhe por 3 minutos. Passe as cascas no açúcar restante, de ambos os lados, apertando levemente para aderir bem. Deixe secar por 4 horas no forno, a 60 ºC. Quando as pétalas de pêssego ficarem secas, coloque em potes de vidro ou sacos de celofane. Para presentear, a decoração fica a seu gosto.

INFUSÕES E CHÁS

CHÁ DE CASCAS DE LARANJA E MELISSA

INGREDIENTES
- cascas de 2 kg de laranja
- 500 g de folhas de melissa

Com um zester, retire raspas das cascas das laranjas (se fizer com uma faca, não retire a parte branca). Coloque as cascas para secar usando a técnica preferida. Desidrate as cascas até ficarem encaracoladas, secas e sem nenhum traço de umidade (isso deve levar cerca de 2 dias). No caso da melissa, coloque as folhas dentro de um saquinho de papel e deixe em local seco durante alguns dias. Para preparar a infusão, coloque uma colher cheia de cascas em um bule com água quente e deixe em infusão por cerca de 10 minutos. Coe e sirva em copinhos de vidro. Adoce com mel, açúcar ou adoçante. A laranja é uma fruta com múltiplas virtudes. A casca combinada com folhas de melissa se transforma em uma infusão fresca e perfumada, relaxante, digestiva! Ideal para degustar antes de dormir.

CHÁ DE CASCAS DE MAÇÃ

INGREDIENTES
- cascas de 5 kg de maçã orgânica
- suco de 1 limão-siciliano

Descasque as maçãs e utilize a polpa como preferir. Corte as cascas em tirinhas e regue com suco de limão para não escurecerem. Espalhe as cascas sobre as grades do desidratador doméstico. Se preferir o forno, espalhe as cascas em uma fôrma e deixe secar a 80 °C. Em ambos os casos, isso deve levar pelo menos 3 horas. Deixe as cascas esfriarem fora do forno e só depois guarde em potes ou sacos de plástico ou de papel celofane, e etiquete. As cascas devem ficar em infusão, em água quente, por 5 minutos. Coe, adoce a gosto e deguste prazerosamente. Este chá pode ganhar sofisticação com cascas de laranja desidratadas, canela, hortelã ou outras especiarias.

CHÁ DE CABINHOS DE CEREJA

INGREDIENTES
- 300 g de cabinhos de cereja

Lave e seque os cabinhos de cereja e espalhe em uma assadeira. Deixe desidratar no forno a 40 °C por 4 horas. Depois de esfriar, coloque em um saquinho de papel até ficarem bem secos. Depois de 2 semanas estarão prontos para usar. Use cerca de 3 cabinhos por xícara de água quente e deixe em infusão por 5 minutos. Adoce a gosto. Este chá tem propriedades diuréticas e desintoxicantes.

ÍNDICES

Índice alfabético de receitas

Arroz pilaf com creme de talos de aspargo 73
Berinjela parmegiana 152
Biscoitões com casca de maçã 116
Blinis de talos de aspargo com musse de salmão 212
Bolinhas de queijo com casca de laranja 88
Bolinhos de alho-poró e uvas-passas 66
Bolinhos de casca de batata 78
Bolinhos de salsão e gorgonzola 132
Bolinhos doces de cuscuz com gengibre 153
Bolo de casca de laranja 91
Brownies de pão e chocolate 205
Carbonara ao cubo 150
Carpaccio de talos de aspargo com molho de limão e ervas 164
Casca de batata caramelizada ao vinagre balsâmico 79
Cascas de batata cristalizadas 229
Cascas de kiwi cristalizadas 229
Cascas de laranja ao mel 225
Cascas de laranja com mostarda 222
Cascas de limão ao sal 219
Cascas de maçã e pera cristalizadas 230
Cestinhas de pão com creme de talos de aspargo e queijo 70
Chá de cabinhos de cereja 233

Chá de cascas de laranja e melissa 232
Chá de cascas de maçã 233
Charlote de pão e maçã 209
Charutinho vegetariano com arroz 188
Cheesecake 172
Chips de casca de abóbora com homus 53
Chips de casca de batata com musse de queijo picante 76
Chutney picante de melancia 223
Cocotte de alho-poró com crostas de grana padano 122
Cogumelos granulados 217
Compota de alho-poró 223
Conchinhas com vagens e anchovas 109
Copinhos de musse de brócolis, mozarela de búfala e farofa de amêndoas 94
Coquetel de salsão 132
Creme de batata com folhas de rabanete 129
Creme de couve-flor com cebolas caramelizadas 98
Creme doce de casca de abóbora com pistache 189
Crepes com musse de talos de aspargo 209
Croquetes de vagens com gergelim 110
Crostas de parmesão e feijão 120
Cubinhos de gelatina com limão e gengibre 185
Cupcakes de casca de maçã 114
Ecopicolés 197
Ecopolpettone em crosta 193
Ecopudim com bagaço de frutas 169

Escalopinhos de seitan com creme de erva-doce e cítricos 189
Espaguete de raízes de alho-poró salteado 185
Espetinhos de crostas de queijo e uva 123
Falafel de folhas de rabanete e grão-de-bico com molho de iogurte 126
Farinha de alcachofra 220
Farinha de cebola 220
Farinha de cítricos 218
Farinha de vagens 221
Filé de linguado com creme verde 165
Frapê de cascas 116
Gallettes de arroz ao açafrão 152
Gaspacho de talos de aspargo 200
Geleia de bagaço de frutas 224
Legumes com dip picante de iogurte 196
Meu bolo de aniversário 138
Mexilhões com creme de vagens e crumble 213
Mezzaluna ao creme de alcachofra 58
Minilasanha de folhas de erva-doce 192
Minipizzas de pão 172
Muffins de casca de abóbora 53
Musse de bagaço de pera com raspas de chocolate 165
Nhoque de pão com espinafre 144
Ninhos de espaguete 150
Omelete com espaguete da horta e molho de mostarda 177

Orecchiette, ramas de cenoura e peixe-vermelho 85
Panqueca zero despedício 161
Panzanella o ano todo 146
Pão mexido 161
Pappardelle de casca de abóbora com pesto de nozes 50
Patê de alho-poró 225
Pavlova 138
Pele de tomate seca 219
Pétalas de cascas de pêssego cristalizadas 231
Picles de erva-doce com zimbro e canela 227
Picles de hortaliças 226
Picolé de iogurte e bagaço de frutas 177
Pudim de arroz, banana e uvas-passas 154
Quenelles de talos de alcachofra e batata 208
Rigatoni com erva-doce, cominho e pimenta 180
Rigatoni gratinados ao creme verde 99
Risoto com azeite e erva-doce 102
Risoto de alho-poró, queijo de cabra e casca de limão 66
Risoto de cítricos 88
Rolinhos primavera de folhas e talos 97
Salada crocante de erva-doce, laranja e molho de amendoim 181
Salada de batata com pesto de folhas de rabanete 127
Salada de talos de brócolis, pétalas, vinagre balsâmico e lascas de queijo 201
Salada instantânea 228
Salada primavera de vagens 110
Salada russa de couve-flor e brócolis 192

Salada supervitaminada com pesto de casca de cenoura 168
Samosas de alho-poró e batata 62
Sanduíche com vagens de fava e queijo de cabra 169
Sanduíche de crostas empanadas e folhas de beterraba 197
Sanduíche de patê de sardinha e folhas de rabanete 205
Sementes de melancia e de melão tostadas e salgadas 230
Sopa de cebolinhas 176
Sorbet custo zero 201
Sorbet de maçã verde 117
Sorbet de salsão 135
Sorbet instantâneo de cítricos 181
Spätzle com folhas de alcachofra 57
Strudel de verduras 173
Suco de cascas e miolos 160
Suflê de pontas verdes de alho-poró 63
Tabule de pão 147
Tagliatelle com talos de aspargo e avelãs 73
Talos em conserva de azeite e ervas 226
Tapenade de cenoura e cebola 82
Terrina de erva-doce com crumble de pão, avelãs e queijo 102
Tiras de omelete com cebolinha in brodo 65
Torta de erva-doce e gorgonzola 105
Torta de vagens de favas e queijo pecorino 204
Torta gelada de pão doce 141
Tortinha de bagaço de cenoura 84
Tortinhas de talos e folhas de alcachofra 57

Trouxinhas de inverno cozidas no vapor 184
Trufas cítricas 213
Vegetais em flocos 217
Vegetais granulados (100% de cascas) 216

Índice das receitas por ingredientes

Abóbora
Cheesecake 172
Chips de casca de abóbora com homus 53
Creme doce de casca de abóbora e pistache 189
Muffins de casca de abóbora 53
Pappardelle de casca de abóbora com pesto de nozes 50

Alcachofra
Farinha de alcachofra 220
Mezzaluna ao creme de alcachofra 58
Quenelles de talos de alcachofra e batata 208
Spätzle com folhas de alcachofra 57
Talos em conserva de azeite e ervas 226
Tortinhas de talos e folhas de alcachofra 57

Alho-poró e cebolinha
Bolinhos de alho-poró e uvas-passas 66
Compota de alho-poró 223
Espaguete de raízes de alho-poró salteado 185
Filé de linguado com creme verde 165
Omelete com espaguete da horta e molho de mostarda 177
Patê de alho-poró 225

235

Risoto de alho-poró, queijo de cabra e casca de limão 66
Samosas de alho-poró e batata 62
Sopa de cebolinhas 176
Suflê de pontas verdes de alho-poró 63
Tiras de omelete com cebolinha in brodo 65

Aspargo
Arroz pilaf com creme de talos de aspargo 73
Blinis de talos de aspargo com musse de salmão 212
Carpaccio de talos de aspargo com molho de limão e ervas 164
Cestinhas de pão com creme de talos de aspargo e queijo 70
Crepes com musse de talos de aspargo 209
Gaspacho de talos de aspargo 200
Tagliatelle com talos de aspargo e avelãs 73

Batata
Bolinhos de casca de batata 78
Casca de batata caramelizada ao vinagre balsâmico 79
Cascas de batata cristalizadas 229
Chips de casca de batata com musse de queijo picante 76

Cebola
Farinha de cebola 220

Cenoura
Omelete com espaguete da horta e molho de mostarda 177
Orecchiette, ramas de cenoura e peixe-vermelho 85

Salada supervitaminada com pesto de casca de cenoura 168
Suco de cascas e miolos 160
Tapenade de cenoura e cebola 82
Tortinha de bagaço de cenoura 84

Cereja
Chá de cabinhos de cereja 233

Cítricos
Bolinhas de queijo com casca de laranja 88
Bolo de casca de laranja 91
Cascas de laranja ao mel 225
Cascas de laranja com mostarda 222
Cascas de limão ao sal 219
Chá de cascas de laranja e melissa 232
Cheesecake 172
Cubinhos de gelatina com limão e gengibre 185
Farinha de cítricos 218
Risoto de cítricos 88
Sorbet instantâneo de cítricos 181
Trufas cítricas 213

Cogumelos
Cogumelos granulados 217

Couve, couve-flor, repolho, brócolis etc.
Charutinho vegetariano com arroz 188
Copinhos de musse de brócolis, mozarela de búfala e farofa de amêndoas 94
Creme de couve-flor com cebolas caramelizadas 98
Ecopolpettone em crosta 193
Espaguete de raízes de alho-poró salteado 185
Legumes com dip picante de iogurte 196

Rigatoni gratinados ao creme verde 99
Rolinhos primavera de folhas e talos 97
Salada de talos de brócolis, pétalas, vinagre balsâmico e lascas de queijo 201
Salada russa de couve-flor e brócolis 192
Strudel de verduras 173
Trouxinhas de inverno cozidas no vapor 184

Doces
Brownies de pão e chocolate 205
Meu bolo de aniversário 138
Pavlova 138
Torta gelada de pão doce 141

Erva-doce
Charutinho vegetariano com arroz 188
Escalopinhos de seitan com creme de erva-doce e cítricos 189
Minilasanha de folhas de erva-doce 192
Picles de erva-doce com zimbro e canela 227
Rigatoni com erva-doce, cominho e pimenta 180
Risoto com azeite e erva-doce 102
Salada crocante de erva-doce, laranja e molho de amendoim 181
Terrina de erva-doce com crumble de pão, avelãs e queijo 102
Torta de erva-doce e gorgonzola 105

Frutas mistas
Ecopicolés 197
Ecopudim com bagaço de frutas 169
Geleia de bagaço de frutas 224

Panqueca zero desperdício 161
Picolé de iogurte e bagaço de frutas 177
Sorbet custo zero 201

Kiwi
Cascas de kiwi cristalizadas 229

Leguminosas
Conchinhas com vagens e anchovas 109
Croquetes de vagens com gergelim 110
Farinha de vagens 221
Mexilhões com creme de vagens e crumble 213
Salada primavera de vagens 110
Sanduíche com vagens de fava e queijo de cabra 169
Torta de vagens de favas e queijo pecorino 204

Maçã e pera
Biscoitões com casca de maçã 116
Cascas de maçã e pera cristalizadas 230
Chá de cascas de maçã 233
Charlote de pão e maçã 209
Cupcakes de casca de maçã 114
Frapê de cascas 116
Musse de bagaço de pera com raspas de chocolate 165
Sorbet de maçã verde 117
Suco de cascas e miolos 160

Massas, arroz e cuscuz
Berinjela parmegiana 152
Bolinhos doces de cuscuz com gengibre 153
Carbonara ao cubo 150
Gallettes de arroz ao açafrão 152
Ninhos de espaguete 150
Pudim de arroz, banana e uvas-passas 154

Melancia
Chutney picante de melancia 223
Sementes de melancia e de melão tostadas e salgadas 230

Melão
Sementes de melancia e melão tostadas e salgadas 230

Pão
Brownies de pão e chocolate 205
Charlote de pão e maçã 209
Minipizzas de pão 172
Nhoque de pão com espinafre 144
Panzanella o ano todo 146
Pão mexido 161
Salada supervitaminada com pesto de casca de cenoura 168
Tabule de pão 147

Pepino
Picles de hortaliças 226

Pêssego
Pétalas de cascas de pêssego cristalizadas 231

Queijo
Bolinhas de queijo com casca de laranja 88
Cocotte de alho-poró com crostas de grana padano 122
Crostas de parmesão e feijão 120
Espetinhos de crostas de queijo e uva 123
Sanduíche de crostas empanadas e folhas de beterraba 197

Rabanete
Creme de batata com folhas de rabanete 129
Falafel de folhas de rabanete e grão-de-bico com molho de iogurte 126
Salada de batata com pesto de folhas de rabanete 127
Sanduíche de patê de sardinha e folhas de rabanete 205

Salsão
Bolinhos de salsão e gorgonzola 132
Coquetel de salsão 132
Sorbet de salsão 135

Tomate
Pele de tomate seca 219

Vegetais mistos
Salada instantânea 228
Vegetais em flocos 217
Vegetais granulados (100% de cascas) 216

LIVROS E TEXTOS RECOMENDADOS

ADOC. *Sprechi alimentari delle famiglie*, 2009.
BARILLA CENTER FOR FOOD AND NUTRITION. *Doppia piramide: alimentazione sana per le persone, sostenibile per il pianeta*, 2010.
BEAVAN, Colin. *No Impact Man: The Adventures of a Guilty Liberal Who Attempts to Save the Planet, and the Discoveries He Makes About Himself and Our Way of Life in the Process*. Nova York: Picador, 2010.
CASALI, Lisa. *Cozinhando no lava-louças*. São Paulo: Alaúde, no prelo.
CASALI, Lisa; FARA, Tommaso. *La Cucina a Impatto (Quasi) Zero*. Milão: Gribaudo Editore, 2010.
COMISSÃO EUROPEIA. *Preparatory study on food waste across EU 27*. Bio Intelligence Service, DG Environment, 2010.
FOER, Jonathan Safran. *Comer animais*. Rio de Janeiro: Rocco, 2010.
GALDO, Antonio. *Basta Poco*. Torino: Einaudi, 2011.
GIOVANNI, Lucia; COCCA, Giuseppe. *Il Crudo è Servito!* My Life, 2011.
MIKANOWSKI, Lyndsay; MIKANOWSKI, Patrick. *Crudo*. Milão: Fabbri, 2005.
PALLANTE, Maurizio. *La decrescita felice. La qualità dela vita non dipendedal. PIL*. Edizioni per La Decrescita Felice, 2005.
_____. *La Felicità Sostenibile*. Milão: Rizzoli, 2009.
_____. *Meno e Meglio: Decrescere per Progredire*. Milão: Bruno Mondadori, 2011.
PETRINI, Carlo. *Terra Madre: Come non Farci Mangiare dal Cibo*. Firenze: Giunti Editore, 2009.
POLLAN, Michael. *Em defesa da comida*. Rio de Janeiro: Intrínseca, 2008
RIFKIN, Jeremy. *Beyond Beef: The Rise and Fall of the Cattle Culture*. Nova York: Plume, 1993.
SEGRÈ, Andrea. *Basta Il giusto (Quanto e Quando). Lettera a uno studente sulla società della sufficienza*. Altreconomia, 2011.
_____. *Elogio dello Spreco: formule per una società sufficiente*. Bologna: EMI Editore, 2008.
_____. *Lezioni die costile: consumare, crescere, vivere*. Milão: Bruno Mondadori, 2010.
SEGRÈ, Andrea; FALASCONI, Luca. *Il Libro Nero dello spreco in Italia: il cibo*. Milão: Ed. Ambiente, 2011.
SINGER, Peter. *Scritti su una vita etica*. Milão: Il Saggiatore, 2004.
SINGER, Peter; MASON, Jim. *The Way We Eat: Why Our Food Choices Matter*. Emmaus, PA: Rodale, 2006.
STUART, Tristam. *Waste: Uncovering the Global Food Scandal*. Nova York: W. W. Norton & Company, 2009.

SITES RECOMENDADOS

Crudismo (Crudivorismo) – www.crudismo.com
Ecocucina – www.ecocucina.org
FAO – www.fao.org
Food Waste Ireland – www.foodwaste.ie
Freegans – http://freegan.info/
Greenpeace – www.greenpeace.org.br
Last Minute Market – www.lastminutemarket.it
Legambiente – www.legambiente.it
Lifegate – www.lifegate.com
Love food hate waste – www.lovefoodhatewaste.com
Rete di Gruppi di Acquisto Solidale – www.retegas.org
Salto nel Crudo – www.saltonelcrudo.it
Taste the Waste (documentário) – www.tastethewaste.com
Vivere Vegan – www.viverevegan.org
Vivo crudo – www.vivocrudo.it
Wasted Food – www.wastedfood.com
WWF – www.wwf.org.br